JOACHIM SCHRAMM

HEILEN MIT...
Senf
Quark
Kieselsteinen
Tabak
Bindfäden
Wäscheklammern
et cetera

PATRIA VERLAG BERLIN

Redaktion: Regina Schwenke
Satz: FotosatzWerkstatt GmbH, Berlin
Schrift: Garamond
Farblithografie: RGA Winster, Berlin
Druck: Stiewe, Berlin
Foto: Pavel Sticha
Typografie und Zeichnungen:
Paul Maria Kern, AGD

Printed in Germany

ISBN 3-925841-00-8

1. Auflage Dezember 1985, 10000
2. Auflage Januar 1986, 50000
3. Auflage Februar 1986, 50000

Vorwort

Die geheimnisvollen Kräfte der Küchenkräuter hatten es mir schon in meiner Kindheit angetan. Oft begleitete ich meine Großmutter in den kleinen Kräutergarten hinter dem Haus, sah und hörte ihr zu, wenn sie mir die einzelnen Kräuter, ihre Bedeutung und Heilkraft erklärte.

Einmal, ich muß so drei oder vier Jahre alt gewesen sein, hatte ich eine böse Wunde am Bein, die nicht heilen wollte. Als ich vor Schmerzen weinte, ging Großmutter in den Garten, holte Spinat, zerkleinerte diesen und brachte Spinatbrei auf die Wunde und verabreichte mir außerdem noch Rizinusöl. Wie durch ein Wunder heilte die Wunde schnell ab.

Über viele Jahre sammelte ich diese Rezepte, probierte viele aus und hütete sie. Nun habe ich mich entschlossen, diese geheimen Rezepte gepaart mit meinen Erfahrungswerten Ihnen allen zur Verfügung zu stellen, indem ich sie veröffentliche.

Ich möchte Ihnen, liebe Leserinnen und Leser, in diesem Buch keine Heilkräuter vorstellen. Das haben andere vor mir schon zur Genüge getan. Nein, ich möchte Ihnen Küchenkräuter sowie «unorthodoxe Gegenstände» zur Heilung akuter und chronischer Krankheiten vorstellen. Vielleicht erinnern Sie sich sogar bei der einen oder anderen Methode an Ihre eigene Kindheit und die Naturheilmittel der Eltern und Großeltern.

Eine herzliche Bitte habe ich aber an die Leserinnen und Leser, behandeln Sie sich jetzt bitte nicht in Unkenntnis der Diagnose Ihrer Krankheit einfach drauflos, sondern sprechen Sie mit einem Therapeuten Ihres Vertrauens.

Bevor Sie dann die Medikamente anwenden, habe ich eine ganz persönliche Bitte an Sie. Sie selbst müssen mitarbeiten, indem Sie Ihr Leiden akzeptieren. Sehen Sie es nicht als **Übe**l an, sondern als **Übe**rgang zu einem vielleicht neuen Bewußtsein. Sagen Sie «JA» zu Ihrem Leiden, nehmen Sie ihm so den Stachel und die Gesundung tritt ein. Stemmen Sie sich nicht gegen die Krankheit. In einer Spielbank gewinnen Sie auch nur, wenn Sie mit der Bank spielen.

Auch wenn es Ihnen noch so schlecht geht, stehen Sie morgens auf! Schauen Sie sich im Spiegel an und sagen zu sich selbst: «Ich liebe mich, so wie ich bin, ich mag mich.» Dann lächeln Sie sich freundlich an. Sie haben es verdient. Klopfen Sie sich auf die Schulter, lachen laut und schallend, es wird Sie erleichtern und frei machen.

Joachim Schramm

Abwehrkraft

Behandlung:

innerlich: Zur Stärkung der Abwehrkraft sollen Sie 3x wöchentlich einen Tee trinken mit folgender Zusammensetzung für 3 Tassen:
1 Zimtstange, 20 Senfkörner, 25 Kamillenblüten, heiß übergießen und 10 Minuten ziehen lassen.
Außerdem sollten Sie täglich 1 rohe Zwiebel essen.

äußerlich: Nehmen Sie jeden 2. Tag ein 10-minütiges warmes Fußbad mit 1 Eßl. Thymian, sowie 1 Eßl. Senf.
Massieren Sie 4x wöchentlich die Wirbelsäule mit einer Bürste ca. 5 Minuten.
Sie werden sehen, daß die sonst übliche Grippe in diesem Jahr nicht stattfindet.

Abzeß

Entsteht durch Bakterien, die sich durch Schädigung der Haut dort ansiedeln. Es handelt sich dabei um eine regionale Rötung und Erhöhung der Haut mit nachfolgender Eiteransammlung.

Behandlung:

innerlich: Nehmen Sie innerlich soviel Kresse ein, wie Ihnen bekommt. Außerdem sollten Sie fasten, da durch das Fasten, die in Ihrem Körper angesammelten Giftstoffe schneller ausgeschieden werden.

äußerlich: Zerkleinern Sie Schwarzbrot zu einem Brei, mischen es dann mit Johanniskrautöl und bringen diese Paste auf die Wunde und fixieren das Ganze mit einer Binde. 2 x täglich neu anlegen.

Achtung: Bei Fieber oder Übelkeit einen Therapeuten anrufen.

Akne

Die Akne befällt primär Gesicht, Brust und Rücken. Es handelt sich hierbei um entzündlich veränderte Talgdrüsenkanäle, die leicht vereitern und sich in Form von geröteten Hauterhebungen (Pickel) zeigen. Das Leiden zeigt sich meist in der Pubertät. Dies spricht dafür, daß es sich um innere hormonale Störungen handelt.

Behandlung: Auch hier, wie bei so vielen Hauterkrankungen, bewirken Magenstörung und Stuhlverstopfung Verschlimmerung. Infolgedessen ist für leichte Diät und regelmäßigen Stuhlgang zu sorgen.

innerlich: Essen Sie 2x täglich Löwenzahnsalat. Jeden 2. Tag sollten Sie eine Knoblauchzehe essen.

äußerlich: Reiben Sie Kartoffeln und Möhren zur täglichen Gesichtsmaske.

Aber auch roher Kohl für innerliche und äußerliche Anwendung bringt immer positive Heilerfolge.

Allergie

Behandlung:

innerlich: Nehmen Sie 1 Eßl. Rizinusöl jeden 2. Tag, insgesamt aber nur 3x anwenden. Essen Sie jeden Tag einen Salat von Löwenzahn, vermengt mit 1 Bund Petersilie. Trinken Sie jeden Tag außerdem 1 Glas Wasser mit 2 Teelöffeln Apfelessig.

äußerlich: Stellen Sie eine Paste aus Haferflocken und Wasser her. Geben Sie diese Mischung täglich für 1/2 Stunde auf die kranken Stellen.
Auch Gurkenscheiben auf die Haut gebracht zeigen gute Erfolge. Maismehl mit Wasser zu einem Brei vermischt, auf die kranke Stelle gegeben, hat sich ebenfalls bestens bewährt. Statt Maismehl können Sie auch Vollkornmehl benutzen.
Betupfen Sie als Alternative die Stellen mit Apfelessig oder Rizinusöl.

Altersflecken

[siehe Sommersprossen S. 88]

Anaemie

Diese Krankheit entsteht durch Veränderung der Zahl der roten Blutkörperchen oder durch zu geringen Blutfarbstoffgehalt. Die Blutarmut resultiert aus

1. starke Blutverluste
2. Menstruation
3. gestörte Blutbildung
4. falsche Ernährung
5. chron. Blutverluste [Magengeschwüre etc.]

Symptome: Abgeschlagenheit, Schwindel, Antriebsarmut, Appetitmangel, Blässe, kalte Hände und Füße. In fortgeschrittenem Stadium kann es auch zu Herzbeschwerden kommen.

Achtung: Vor der Behandlung erst die Ursache durch einen Therapeuten abklären lassen.

Behandlung:

innerlich: Bereiten Sie sich einen Salat aus Eichenblättern und Spinat. Essen Sie viel kurz angebratene Leber. Essen Sie jeden Tag 1 Bund Schnittlauch.

äußerlich: Kleben Sie jeden 2. Tag 1/2 ABC-Pflaster für 2 Stunden zwischen Wirbelsäule und rechtes Schulterblatt. [siehe Bildtafel S. 102 und 104]

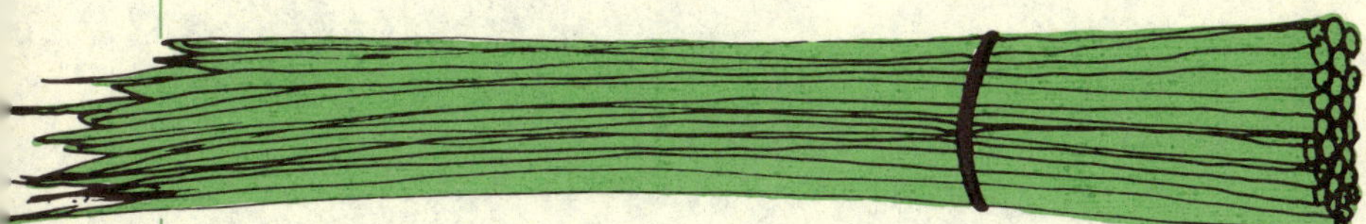

Angina

Angina hängt mit dem Wort «eng» zusammen und bezeichnet eine Verengung des Rachens, bedingt durch eine meist bakterielle Entzündung. Oft auch eine Begleiterscheinung von Infektionskrankheiten. Die Mandeln sind meist mitbeteiligt. Verschleppte und nicht behandelte Anginen können zu Rheuma und Herzkrankheiten führen.

Symptome: Rachenschmerzen, Fieber, Kopfschmerz, bisweilen Übelkeit. Die Mandeln sind oft geschwollen.

Behandlung: Jede Behandlung der Angina beginnt mit der Bettruhe.

innerlich: Trinken Sie 3 x täglich 1 Tasse aus 20 Kamillenblüten, 1/4 Löffel Paprikapulver sowie 1/4 Löffel Cayennepfeffer und 1 Stange Zimt. Überbrühen und 10 Minuten ziehen lassen. Essen Sie täglich 1-2 Knoblauchzehen oder Zwiebeln.

äußerlich: Reiben Sie den Hals mit scharfem Senf ein, legen darüber eine Plastikfolie und wickeln einen Schal darum. Dauer des Wickels ca. 20 Minuten.

Angina pectoris

Es handelt sich hierbei um eine Verengung der Herzkranzgefäße, meist bedingt durch Arterienverkalkung. Aber auch Nervosität kann zu einem Anfall führen.

Symptome: Starke Herzschmerzen, die vom Brustbein über den Hals in den linken Arm verlaufen.

Achtung: Bei schwerem Verlauf Krankenhaus.

Behandlung:

innerlich: Bereiten Sie sich einen Brei aus 30 Kamillen- und 3 Arnikablüten, vermischt mit 1 Zehe Knoblauch, sowie, falls vorhanden, 1 Blatt vom Kaktus «Königin der Nacht». Nehmen Sie davon 4 x täglich 1 Teelöffel.

äußerlich: Stellen Sie einen Brei aus Senf und Backpulver her. Dieser wird auf das Brustbein und auf beide Handgelenksinnenfalten gebracht. 10 Minuten einwirken lassen.
Nehmen Sie eine Bürste und massieren eine handbreit unter dem Knie beide Bein-Außenseiten.

[siehe Bildtafel S. 102 oder 104 und 106]

Arterienverkalkung

[Arteriosklerose]

Unter Arterienverkalkung versteht man eine Verengung der Adern. Bedingt durch Fetteinlagerungen und Kalk. Sämtliche Organe sowie die Extremitäten können befallen sein. Als Folgeerscheinung kann es z.B. zu Nierenversagen und Schlaganfall führen. Auch der hohe Blutdruck kann aus dieser Krankheit resultieren. Begünstigt wird die Arteriosklerose durch die Zuckerkrankheit, Übergewicht und Genußgiften [Alkohol und Tabak], ebenso durch ungesunde Ernährung. Sehr oft haben wir es mit der Verkalkung der Beinarterien zu tun.

Symptome: Speziell an den Extremitäten zeigt sich ein Kältegefühl, sowie eine Blaufärbung. Bei Durchblutungsstörungen der Beine zeigen sich starke Schmerzen beim Gehen.

Behandlung:

innerlich: Stellen Sie Ihre Kost, wenn es geht, auf eine pflanzliche um. Verwenden Sie zum Backen und Braten sowie zu Salaten Mais-, Sonnenblumen- oder Weizenkeimöl. Diese sind reich an ungesättigten Fettsäuren und wirken somit der Krankheit entgegen.

Trinken Sie jeden Tag 1/4 Glas Bärenlauch [Preßsaft]. Außerdem hat sich bei dieser Krankheit das Kauen von täglich 6 Arnikablüten bewährt [3 x 2]. Sollten Sie Jod im Hause haben, vermengen Sie 1 Tropfen mit einem Glas Wasser und trinken davon 3 x täglich 1 Schnapsglas voll. Essen Sie außerdem jeden Tag einen Apfel und 1 Zehe Knoblauch.

äußerlich: Machen Sie Wechselfußbäder. Stellen Sie 2 Eimer [10 Liter] nebeneinander, füllen beide bis zur Hälfte, den einen mit kaltem und den anderen mit warmem Wasser. Beginnen Sie nun 5-10 Sekunden kalt, dann 2 Minuten warm, dann wieder 5-10 Sekunden kalt und so weiter. Insgesamt 10-20 Minuten. Beenden Sie bitte die Anwendung im kalten Wasser.
Als zusätzliche Maßnahme hat sich das Bürsten des ganzen Körpers bewährt.

Asthma

[siehe Bronchitis S. 32]

Aufgesprungene Hände

[siehe rissige Hände S. 80]

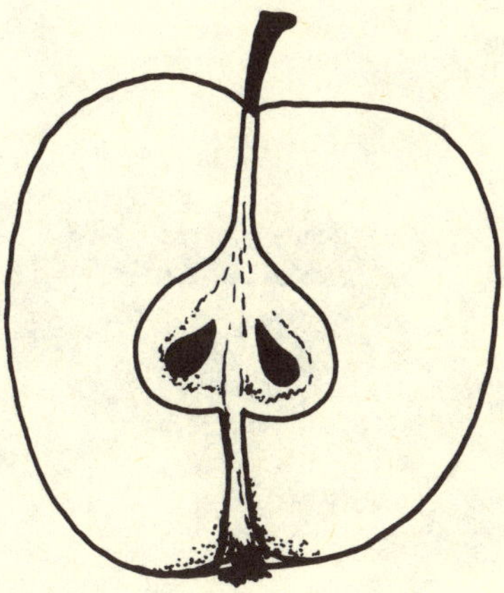

Aufgesprungene Lippen

Stellen Sie sich eine Mischung her aus 10 g Olivenöl, 5 g Glyzerin, 0,3 g Zitronensaft und 2 g Eiweiß. Bringen Sie diese Mischung 3 x täglich über die Dauer von 10 Tagen auf die Lippen. Diese Mixtur sollte alle 2 Tage neu zusammengestellt werden.

Aufstoßen

Aufstoßen entsteht meist durch Aufnahme übermäßiger Nahrungsmengen. Auch zu wenig Magensäure oder eine Magenverengung kann zu diesem Symptom führen. Auf jeden Fall sollte bei ständigen Aufstoßen der Magen geröntgt werden.

Behandlung:

innerlich: Besorgen Sie sich Ingwer-Pulver und nehmen 1/2 Stunde vor und nach dem Essen 1/4 Teelöffel ein. Sie können sich auch einen Tee aus Kümmel, Anis und Fenchel brühen. Nehmen Sie je 1 Teelöffel voll und überbrühen ihn mit 1/2 Liter Wasser und lassen den Sud 10 Minuten ziehen.

äußerlich: Legen Sie eine heiße Kompresse an. Man taucht ein Handtuch in heißes Wasser, wringt es fast trocken aus und wechselt es alle 5 Minuten über eine Dauer von 20 Minuten.

Aufsteigende Hitze

[siehe Wechseljahre S. 98]

Augenbrennen

[siehe Bindehautentzündung S. 23]

Augenrötung

[siehe Bindehautentzündung S. 23]

Augenübermüdung

[siehe Bindehautentzündung S. 23]

Ausschlag

[siehe Allergie S.10]

Bandwurm

Hierbei handelt es sich um einen Parasiten, der sich im Darm festsetzt.

Symptome: Gewichtsverlust und Hungergefühl.

Behandlung:

innerlich: Trinken Sie jeden Tag 2 Glas Möhrensaft 1 Stunde vor dem Essen.
Kochen Sie einen Sud aus 2 Zwiebeln, 1 Knoblauchzehe und 10 Nelken [1/2 l Wasser], trinken Sie davon 1 Glas morgens und abends 1 Stunde vor dem Essen.
Nehmen Sie außerdem an 3 Tagen 1 Tee- oder Eßlöffel Rizinusöl. 3 x täglich 1 Teelöffel Heilerde hat sich ebenfalls bestens bewährt.
Die Kur muß solange durchgeführt werden, bis der Wurm abgegangen ist.

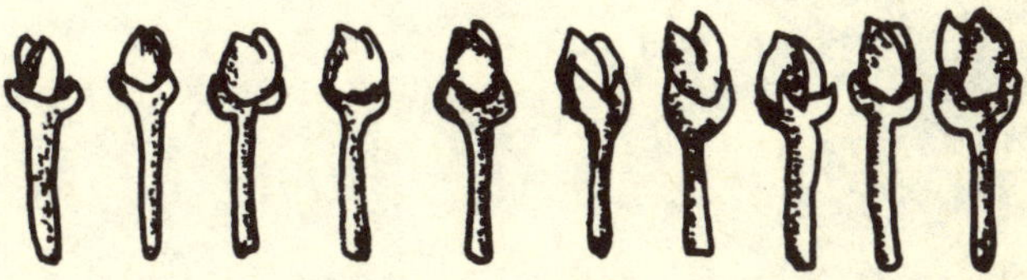

Bauchschmerzen

Bei ständigen oder langanhaltenden Bauchschmerzen muß der Ursache nachgegangen werden. Röntgen etc. Sollten diese Bauchschmerzen mit Fieber, schnellem Puls und Bauchdeckenspannung einhergehen sofort ins Krankenhaus. Verdacht auf Blinddarmentzündung, Darmverschluß, Magendurchbruch, Bauchfellentzündung, geplatzte Gallenblase etc.

Behandlung:

innerlich: Trinken Sie 1/4 Liter warmes Wasser.
Kauen Sie dazu 2 Nelken und 10 Kümmelkörner.

äußerlich: Bestreichen Sie den Bauch mit warmem Olivenöl.
Machen Sie ein warmes Fußbad von ca. 10 Minuten Dauer.

Bauchkrämpfe

[siehe Bauchschmerzen]

Bauchweh

[siehe Bauchschmerzen]

Beine [offene]

Die Ursache für ein «offenes Bein» ist oft die mangelnde Durchblutung. Auch Krampfadern können bedingt durch sogenanntes «unreines Blut» ein Unterschenkelgeschwür hervorrufen. Der Körper versucht, die Giftstoffe und Stoffwechselschlacken, die in den Krampfadern «versackt» sind, über die Haut «loszuwerden». Er schafft sich also ein «Loch», wo diese Stoffe austreten können.

Behandlung:

innerlich: Die innerliche Behandlung ist die Basisbehandlung. Wir müssen den Kreislauf stabilisieren und den Körper entgiften.
Essen Sie jeden Tag 6 Arnikablüten [3 x 2 Blüten] und 1 Zehe Knoblauch. Gewöhnen Sie sich daran, jeden Tag einen Löwenzahn-Salat zu essen sowie 1 Bund Petersilie. Halten Sie dieses 3 Monate durch.

äußerlich: Folgende äußerliche Anwendungen können beginnen, wenn Sie das obige Rezept 1 Woche eingenommen haben.
Bedecken Sie die offene Stelle im täglichen Wechsel mit Zuckerrübensirup und fein gehacktem Spinat.

Beingeschwür

[siehe Beine – offene –]

Beule

Hervorgerufen durch einen Schlag oder Sturz. Hierbei werden Blutgefäße verletzt, wobei dann das Blut aus der Ader tritt und sich unter der Haut staut. Dadurch entsteht dann die Schwellung, die uns allen als Beule bekannt ist.

Behandlung:

innerlich: Rösten Sie sich 3 x täglich 1 Roßkastanie und verzehren diese zusammen mit je 1 Arnikablüte.

äußerlich: Kühlen, kühlen und nochmals kühlen mit einem eiskalten Lappen.
[Lappen oder Tuch im Gefrierschrank kühlen.]

Bewußtlosigkeit

[siehe Ohnmacht S.75]

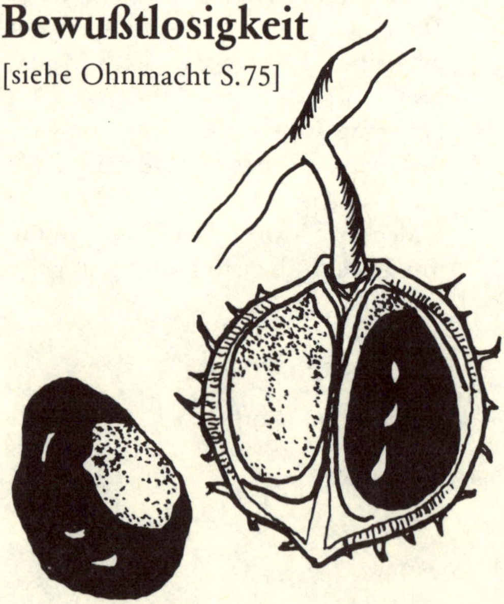

Bindehautentzündung

[Konjunktivitis]

Behandlung:

äußerlich: Bereiten Sie sich einen Tee aus Fenchel und Pfefferminze im Verhältnis 10:1. Mit kochendem Wasser überbrühen und 10 Minuten ziehen lassen. Mittels einer Pipette träufeln Sie 3x täglich 1-2 Tropfen in jedes Auge.

Milch, Eidotter und Olivenöl als Alternative.

Gut bewährt haben sich warme Fußbäder mit 2 Eßlöffel Löwensenf. Geben Sie zuerst 2 Eßlöffel Senf in eine Schüssel oder einen Eimer und füllen dann ca. 5 l lauwarmes Wasser auf. Das Bad sollte ca. 10 Minuten dauern.

Drücken Sie außerdem die Ohrläppchen sowie den Knochen hinter den Ohren [Warzenfortsatz oder Mastoid] 2x täglich kräftig für ca. 4 Minuten. Diese Stellen wirken reflektorisch auf das Auge.

Achtung: Bei eitrigen Augen sollten Sie einen Augenarzt konsultieren.

[siehe Bildtafel S. 107]

Bienenstich

Behandlung:

innerlich: Trinken Sie kaltes Honigwasser.

äußerlich: Ziehen Sie zuerst den Stachel heraus. Tränken Sie dann ein Taschentuch in Alkohol, streuen Backpulver darüber und geben es auf die Rötung.
Sie können auch eine Aspirin-Tablette auflösen und den Brei auf den Stich aufbringen.
Gut bewährt hat sich auch Zwiebelbrei, Essigeinreibung, Zitronensaft.
Sie können auch Salz mit Speichel anfeuchten und auf den Stich auflegen. Sollten Sie sich auf Reisen befinden, so tut es auch einfache Zahncreme.

Blasenentzündung

[Zystitis]

Die Blasenentzündung ist meist eine bakterielle Infektion, bedingt durch Erkältungen, Unterkühlung oder kalten, nassen Füßen.

Symptome: Harndrang, Schmerzen beim Wasserlassen, Harnröhrenbrennen, blutiger oder trüber Urin findet sich bei 50% der Erkrankten, gelegentlich auch Augenringe.

Behandlung: Reizlose Kost ist angezeigt. Kein Nikotin, kein Alkohol. Kaffee, Tee, Essig und Südfrüchte sollte man meiden.

innerlich Stellen Sie einen Brei her aus:
2 Zwiebeln, 1 Knoblauchzehe, 20 g gemahlenem Zimt. Diese Mischung über den Tag verteilt einnehmen. Trinken Sie mindestens 2 l Brunnenwasser täglich. Kauen Sie – wenn vorhanden – 5 Birkenblätter.

äußerlich: Machen Sie täglich 10 Minuten ein Fußbad mit dem Zusatz von 1 Eßl. Löwensenf.
Legen Sie heiße [nicht gekochte] Zwiebelscheiben auf die Blasengegend.

Blasen

[siehe wundgelaufene Füße S. 99]

Blasenkatarrh

[siehe Blasenentzündung S. 25]

Blählunge

[siehe Lungenemphysem S. 61]

Blaue Flecken

[Haematome]

Hierbei handelt es sich um Blutaustritt aus einer Ader ins Gewebe.

Behandlung: Halten Sie nach einem Sturz oder Schlag die betroffene Stelle sofort unter kaltes Wasser. Tränken Sie anschließend ein Tuch in Essig, streuen etwas Salz darauf und legen es 20 Minuten auf den blauen Fleck auf. Falls vorhanden, so können Sie auch eine Kompresse aus Moos anlegen.

Bluterguß

[siehe Blaue Flecken]

Blutarmut

[siehe Anaemie S. 11]

Blutvergiftung

[siehe Abzeß S. 8]

Blutdruck [niedriger]

[Hypotonie]

Die Ursache ist ungeklärt, evtl. spielen Vererbung und vegetative Faktoren eine Rolle.

Symptome: Schwindel, Schwäche, Müdigkeit. Bei schnellem Erheben oder langem Stehen wird diesen Patienten «schwarz vor Augen».

Behandlung:

innerlich: Trinken Sie 3 x täglich 1 Tasse Rosmarintee (1 Teelöffel pro Tasse). Oder bereiten Sie sich einen Trunk aus: 1 Eßl. Honig, 1 Eßl. Apfelessig und 1 Tasse Wasser. Diese Mischung trinken Sie 3 x täglich.

äußerlich: Machen Sie morgens kalte Unterarmbäder von ca. 30 Sekunden. Abends Wechselbäder.
Massieren Sie jeden Tag 5 Minuten das untere Ende beider äußeren Kniescheiben.

[siehe Bildtafel S. 102 oder 104]

Blutdruck [hoher]

[Hypertonie]

Erhöhter Blutdruck kann durch Arterienverkalkung entstehen, aber auch durch die Konstitution bedingt sein. Auch Nervosität führt zu Druckanstieg.
Ebenso leiden viele Übergewichtige an hohem Blutdruck.

Behandlung:

innerlich: Bei Übergewicht: Reduzierung der Nahrung. Verboten sind: Süßigkeiten, Eis, Suppen, Torten, Soßen, Mehlschwitzen, Wurstwaren, Zucker, Salz, fettes Fleisch, Marmelade etc.
Bei Arteriosklerose: Vermeidung von Genußgiften. Essen Sie täglich 1 Bund Petersilie sowie 1 Zehe Knoblauch.

äußerlich: Leichten Sport treiben.
Machen Sie jeden Tag ein 10-minütiges Fußbad [heiß] und setzen dem Wasser 1 Eßlöffel Löwensenf zu.
Entspannen Sie sich jeden Tag 10-20 Minuten durch autogenes Training, Meditation oder einfach nur durch das Liegen und Ruhen in einem ruhigen Zimmer.
Tragen Sie keine rote Kleidung, die den Blutdruck erhöhen könnte.

Brandwunden

Es gibt drei Verbrennungsgrade:

1. Grad: Zeigt Schwellung und Rötung der betroffenen Stelle.
2. Grad: Es zeigen sich Blasen.
3. Grad: Die Haut ist weiß oder schwarz verkohlt. Bei der dritten Form bestehen oft keine Schmerzen, da die Nerven, die den Schmerz weiterleiten, zerstört sind.

Achtung: Bei Verbrennungen 3. Grades sofort ins Krankenhaus.

Behandlung:

innerlich: 2x täglich 1 Eßl. Olivenöl. Nur bei 1. und 2. Grad anzuwenden.

äußerlich: Den verbrühten oder verbrannten Körperteil sofort unter fließendes kaltes Wasser halten, mindestens 8-10 Minuten. Das sollte bei allen Verbrennungen immer die 1. Maßnahme sein.

Nach der Wasserbehandlung sind die besten Mittel bei Verbrennungen das Leinöl oder das Johanniskrautöl, evtl. auch Olivenöl. Man tränke ein Leinentuch mit einem der Öle und gibt es auf die Brandwunde. Anschließend mit einer Plastikfolie abdecken.

Sollte kein Öl zur Stelle sein, kann man sich mit geriebenen Kartoffeln oder Karotten behelfen.

Roher Kohl, zerhackt zu einem Brei, zeigt gute Erfolge.

Brechdurchfall

Diese Erkrankung tritt meist in den Sommermonaten auf, besonders nach dem Genuß unreifen Obstes und verdorbener Nahrungsmittel. Aber auch Erreger und deren Giftstoffe können dieses Übel hervorrufen. Die Erkrankung setzt plötzlich mit heftigen Leibschmerzen, Übelkeit, Erbrechen und Durchfall ein.

Achtung: Abklären ob es sich nicht um Ruhr oder Cholera handelt.

Behandlung:

innerlich: Trinken Sie 3 x täglich den Saft von frisch gepreßten Karotten und geben Sie in diesen 1 g gemahlenen Fenchel. Kauen Sie zusätzlich jede Stunde 1 Kamillenblüte.

Bestens bewährt hat sich auch die Einnahme von 4 x täglich 1 Teelöffel Milchpulver. Außerdem zeigt der Genuß von Zimtpulver sehr gute Erfolge. Nehmen Sie alle 2 Stunden 1/2 Teelöffel.

äußerlich: Um die Wirkung zu erhöhen und zu unterstützen, gebraucht man gern einen heißen Heublumensack oder warme, feuchte Wickel. Legen Sie sich zusätzlich eine Wärmflasche an die Füße.

Brechreiz

[siehe Brechdurchfall S. 31]

Bronchitis

Wenn die Schleimhaut, welche die Luftröhre und deren Äste, die Bronchien, auskleidet, sich entzündet, was entweder durch Erkältung oder im Verlaufe von Infektionskrankheiten geschieht, so sprechen wir von einer Bronchitis.

Symptome: Husten, der aber nicht durch chem. Medikamente unterdrückt werden sollte, da sich der Körper durch Abhusten des Schleimes entledigt. Außerdem zeigt sich Fieber und Brustschmerz.

Behandlung:

innerlich: Essen Sie täglich 50 g Kresse sowie 3 x täglich 5 g Ingwer. Kochen Sie sich einen Thymian-Tee und trinken täglich 3 Tassen [2 Teelöffel auf eine Tasse unter Zugabe von 1/2 Teelöffel Zimt pro Tasse].
2-3 Zwiebeln – roh gegessen – sollten die Therapie unterstützen.

äußerlich: Stellen Sie einen mit Weinbrand vermischten Zwiebelbrei her. Als Alternative können Sie auch Rettich oder scharfen Senf nehmen. Streichen Sie diesen Brei auf die Brust, decken ihn mit einer Plastikfolie ab, legen ein Wolltuch darüber und decken sich mit einer Bettdecke zu.

Um die Bronchien zu entlasten, bitte Kopf und Brust immer hochlagern.

Um die Krankheit abzuleiten, sollte man wieder das obligatorische 10-minütige heiße Senffußbad machen.

Lassen Sie Schweineschmalz aus, geben 2 Zehen Knoblauch dazu. Im heißen, flüssigen Zustand auf beide Unterarme geben, dort, wo man den Puls mißt [Daumenseite, Handgelenksfurche]. Auf diese Stelle kommt ein kleiner Kieselstein [ca. 1 cm]. Dieser wird mit einer Binde oder Leukoplast fixiert und ca. 20 Minuten auf der Stelle belassen. Diese Anwendung sollte 2-3 x täglich durchgeführt werden.

Bettruhe ist bei dieser Krankheit angezeigt.

Bronchialkatarrh

[siehe Bronchitis]

Brustdrüsenentzündung

[Mastitis]

Diese Erkrankung tritt sehr häufig bei stillenden Müttern auf. Der Warzenhof sowie seine Umgebung sind gerötet und geschwollen. Durch die hierdurch bedingten Schmerzen wird das Stillen sehr erschwert. Bei nicht sachgemäßer Behandlung kann es zu ernsten Vereiterungen kommen.

Behandlung:

innerlich: Kauen Sie Kamillen- und Löwenzahnblüten, essen Sie täglich 3 x 1/2 Teelöffel Zimt.

äußerlich: Zur Heilung und Verteilung der Entzündung wirken Auflagen von Weißkäse sehr günstig. Bei Trockenwerden erneuern. Schmieren Sie Löwensenf – nicht auf – sondern neben die Entzündung und lassen diesen ca. 20 Minuten einwirken.

Achtung: Sollte sich Eiter bilden und Sie Fieber bekommen, gehen Sie sofort zu Ihrem Therapeuten.

Brustfellentzündung

[siehe Lungenentzündung S. 62]

Darmgase

[siehe Aufstoßen S. 17]

Darmkatarrh

[siehe Brechdurchfall S. 31]

Durchblutungsstörungen

[siehe Arterienverkalkung S. 14]

Durchfall

[siehe Brechdurchfall S. 31]

DU RCH

fall

Ekzeme

[siehe Allergie S.10]

Erbrechen

[siehe Brechdurchfall S. 31]

Erkältung

Erkältungskrankheiten werden durch Bakterien und Viren hervorgerufen. Zweifellos werden die meisten Krankheiten durch sie hervorgerufen, aber ebenso zweifellos ist es, daß sie nicht durch sie allein hervorgerufen werden. Die Tore müssen dem Eindringen des Feindes geöffnet sein und das geschieht durch die Erkältung. Schon eine vorübergehende Abkühlung führt zu einem Zusammenziehen der Blutgefäße der Haut und der Schleimhaut. Werden diese Regionen nicht durchblutet, befinden sich auch dort nicht mehr die «Polizisten» des Körpers, die gegen die »Feinde« vorgehen. Ebenso wie die Abkühlung, wirken auch der Zug und die Durchnässung.

Behandlung:

innerlich: Essen Sie soviel Knoblauch, Zwiebeln und Zimt, wie Sie können. Außerdem jede Stunde 1 Teelöffel Honig.

äußerlich: Bei jeder Erkältung sollte der Körper durchwärmt werden. Zur Erzeugung einer gleichmäßigen Wärme der Körperhaut und zur Erzeugung von Schweiß sind häufige Ganzwaschungen mit Essigwasser das Beste. Anfangs halbstündlich, nach 2 Stunden nur noch jede Stunde. Im Ganzen ca. 7-10 mal. Nehmen Sie täglich 1 heißes Fußbad von 5 Minuten unter Zusatz von 1 Eßlöffel Löwensenf.
Bettruhe und Diät sind auf jeden Fall angezeigt.

Fieber

Fieber ist ein Begleitsymptom sehr vieler Erkrankungen, wobei die Infektions-Krankheiten an erster Stelle stehen, gefolgt von Wundfieber, Eiterfieber, Drüsenfieber etc..
Das Fieber ist also eine Abwehreinrichtung des Körpers gegen eine drohende Gefahr, durch Überhitzung Erreger abzutöten. Das Fieber ist ein Heilungsvorgang, wenn auch unangenehm, und sollte daher niemals durch Medikamente unterdrückt werden, denn das hieße, dem erwünschten Heilungsbestreben der Natur entgegenzuwirken.
Bei der sogenannten Fiebertherapie benutzt man sogar die erhöhte Temperatur, um chron. Krankheiten zu behandeln.

Achtung: Sollte das Fieber jedoch bei einer unklaren Krankheit über 39-40° steigen – es könnte sich z.B. um eine Bauchfellentzündung handeln etc. – sofort ins Krankenhaus.

Fingergeschwür

[Panaritium]

Das Fingergeschwür hat seine Ursache in feinen Verletzungen der Nagelgegend, durch die dann Eitererreger eindringen.

Behandlung:

äußerlich: Kochen Sie einen Brei aus Leinsamen, Schwarzbrot und Milch. Geben Sie diesen Brei warm auf den Finger. Bei Abkühlung erneuern. Sehr gute Erfolge zeigt auch folgende Mischung: Kochen Sie 1/2 Liter Wasser, 2 Zitronen, 3 Zimtstangen sowie 3 Knoblauchzehen und 2 Zwiebeln ca. 10 Minuten. Geben Sie diesen Sud auf ein Leinenläppchen und bedecken die entzündete Stelle. Bei Abkühlung erneuern.

Fingerentzündung

[siehe Fingergeschwür]

Flechten

[siehe Allergie S. 10]

Frigidität

Behandlung:

innerlich: Trinken Sie 3 x täglich eine Tasse Tee aus: 6 Wacholderbeeren, 1/4 Teelöffel Cayennepfeffer, 1 Teelöffel Kamille, heiß überbrühen, 10 Minuten stehenlassen.

äußerlich: Legen Sie einen heißen Kieselstein auf die Mitte beider Handgelenkinnenfurchen und einen Kieselstein 2 Querfinger breit über das Schambein in der Bauchnabellinie (mit Leukoplast fixieren).
Sagen Sie sich vor dem Zubettgehen ca. 20 x «Ich habe keine sexuellen Probleme». Dieser Satz wird dann vom Unterbewußtsein ins Bewußtsein eingelagert und die Probleme verfliegen.
[siehe Bildtafel S. 102 oder 104]

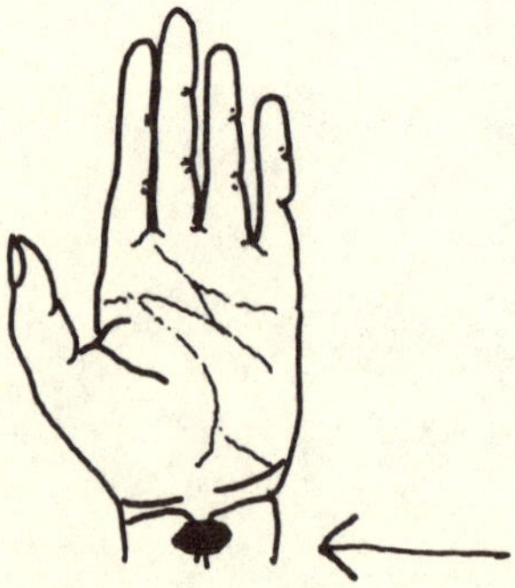

Furunkel

Furunkel werden in erster Linie durch Bakterien erzeugt, die in einem Haarfolikel, durch Oberflächenverletzung der Haut, gelangt sind. Diese Erreger bilden dann einen Hautknoten, der aus schmerzhaftem entzündlichem Gewebe besteht. Später wandelt sich der Knoten um in einen Eiterpfropf.

Symptome: Lokale Rötung, Schwellung und Hitze.

Achtung: Niemals mit den Fingern oder Gegenständen versuchen, das Furunkel oder Karbunkel auszudrücken. Es besteht die Gefahr der Blutvergiftung.

Behandlung:

innerlich: Essen Sie täglich mehrere Karotten. Für Käseliebhaber: täglich 50g Schimmelpilzkäse – über den Tag verteilt – zu sich nehmen, sowie 2 Zwiebeln. Gute Erfolge zeigt auch ein Löwenzahnsalat, der jeden Tag 2x gegessen werden sollte.

äußerlich: Bereiten Sie einen Brei aus Brot, frischen Zwiebeln und Zimtpulver, geben diesen auf die kranke Stelle und belassen ihn dort über Nacht (durch Leukoplast fixiert). Bei gleicher Anwendung können Sie auch einen Brei aus Zahnpasta und Spinat herstellen. Auch Schimmelpilzkäse ist zur äußeren Anwendung gut geeignet.
Als Alternative wäre noch eine Kompresse aus Schwarztee und Kamillentee zu empfehlen.

Fußpilz

[Candida]

Hierbei handelt es sich um pflanzliche Parasiten, die in die Haut eindringen. Ein ausgezeichneter Nährboden sind Hautentzündungen und enorme Schweißbildung.
Vermeiden Sie, um einer Ansteckung vorzubeugen, das Barfußgehen in Saunen und Schwimmbädern.

Behandlung:

äußerlich: Kochen Sie Knoblauch und Zwiebeln in Essig und geben diesen Sud auf die kranke Stelle.
Bei Schweißfüßen geben Sie Puderzucker in die Strümpfe. Dieser saugt das Wasser auf und nimmt somit ebenfalls die Existenzgrundlage der Pilze.
Schuhe und Strümpfe müssen täglich gewechselt werden. Die Haut muß immer trocken sein [an den befallenen Stellen].

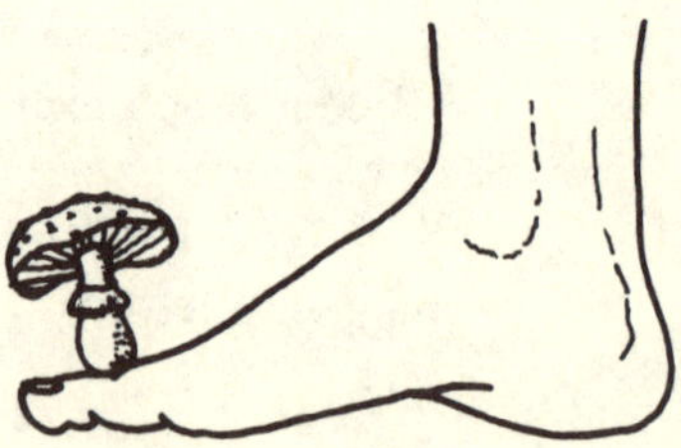

Gallenblasenentzündung

Die Gallenblasenentzündung entsteht sehr oft durch Erreger, die via Darm oder Blutkreislauf in die Gallenblase eindringen und sich dort vermehren. Hierbei kann ein Gallenstau die Krankheit begünstigen, aber auch mechanische Reize (Gallensteine) können eine Entzündung hervorrufen.

Symptome: Fieber, Schüttelfrost, Oberbauchschmerzen, primär rechts. Rechtes Schulterblatt ist oft auch schmerzempfindlich.

Ist der Leber-Gallenweg mitbeteiligt, so entsteht eine Gelbsucht.

Achtung: Die Gefahr besteht in der Durchbruchsneigung der durch Eiter geschädigten Gallenblasenwand. Bei hohem Fieber, harter Bauchdecke, starken Schmerzen sofort ins Krankenhaus.

Behandlung:

innerlich: Essen Sie soviel Löwenzahnsalat, ohne Öl, nur mit etwas Zitrone, wie Sie können. Essen Sie außerdem täglich 10 Kamillenblüten über den Tag verteilt sowie 3 x täglich 1/2 Teelöffel Zimt.

äußerlich: Nehmen Sie eine Wäscheklammer und klemmen diese über der rechten Augenbraue fest oder drücken einen warmen Kieselstein für ca. 10 Minuten auf dieselbe Stelle. Die schmerzhafte Region wird mit einem Eisbeutel oder kalten Wasserkompressen bedeckt. [siehe Bildtafel S. 102 oder 104]

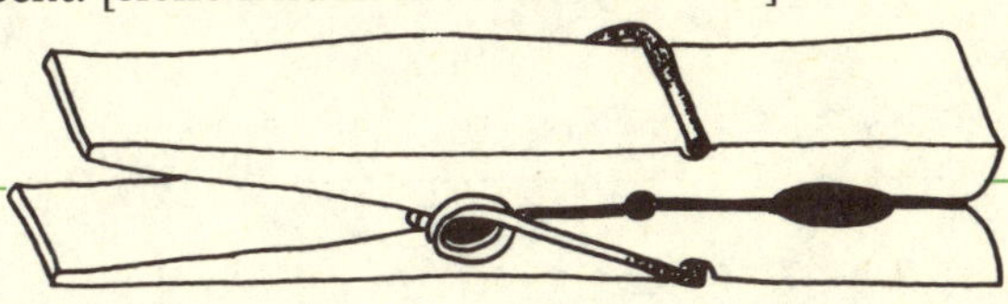

Gallenblasenkolik

[siehe Gallenblasenentzündung S. 43]

Gase

[siehe Aufstoßen S. 17]

Gastritis

[siehe Magengeschwür S. 64]

Gelbsucht

[siehe Gallenblasenentzündung S. 43]

Gelenkentzündung

[Arthritis]

Mit Arthritis bezeichnet man eine Gelenkentzündung. Die Entzündung eines Gelenkes kann verschiedene Ursachen haben.

1. Die mechanische Entzündung bedingt durch Überanspruchung, Übergewicht.
2. Die bakterielle Entzündung durch Infektionen.
3. Die rheumatische Entzündung.

Symptome: Wie bei jeder Entzündung haben wir hierbei Schwellung, Rötung und Schmerz.

Behandlung:

innerlich: Essen Sie täglich 3 x 3 Wacholderbeeren. Außerdem 1 Zehe Knoblauch. 1/2 Pfund Kirschen pro Tag hat sich ebenfalls bestens bewährt. Zerhacken Sie täglich einen Apfel und 1 Bund Petersilie und essen diesen Brei.

äußerlich: Vermischen Sie Weißkäse mit Essigwasser zu einem Brei und bringen diesen auf die kranke Stelle auf. Dieser Wickel sollte jede Stunde erneuert werden. Ca. 10 cm von dem schmerzenden Gelenk entfernt bringen Sie Löwensenf auf die Haut. Lassen Sie diesen ca. 20 Minuten 2 x täglich einwirken. Die Einreibefläche sollte 5 x 5 cm betragen.

Achtung: Den Senf nicht auf die Schmerzstelle auftragen, sondern daneben.

Gerstenkorn

Am Augenlid, in der Nähe des Lidrandes sitzen kleine Drüsen, die den Talg- und Schweißdrüsen entsprechen. Wird der Ausführungsgang einer Drüse verstopft, kann es zu einer Entzündung kommen. Wandern Bakterien ein, kommt es zu einer Vereiterung.

Symptome: Das Augenlid ist im Anfangsstadium gerötet, geschwollen und schmerzempfindlich. Später bildet sich dann ein gelber Eiterpfropf.

Behandlung:

innerlich: Essen Sie täglich ca. 150 g frischen Fenchel über den Tag verteilt. Außerdem 3 x täglich 1/2 Teelöffel Zimt. Lutschen Sie Pfefferminzbonbons.

äußerlich: Machen Sie täglich 2x10 minütige Fußbäder und geben in das Wasser 1 Eßlöffel scharfen Senf und 1 geschälte Zwiebel sowie einen 2 cm breiten Streifen Zahnpasta.
Auf das Auge selbst geben Sie ein heißes mit Sägespänen gefülltes Säckchen 4 x täglich 10 Minuten. Sollten Sie keine Sägespäne zur Hand haben, können Sie auch heiße Wasserkompressen oder in ein Leinentuch gefüllte heiße, zerdrückte Pellkartoffeln benutzen. Die Schläfenpartie des betroffenen Auges sowie den Knochen hinter dem Ohr 2 x täglich für 15 Minuten mit scharfen Senf bedecken.

Achtung: Nicht in die Augen bringen.

[siehe Bildtafel S. 107]

Gesichtslähmung

[Facilialislähmung]
Es handelt sich hierbei um eine Schädigung von Gesichtsnerven. Diese Krankheit kann entstehen durch Erkältungen, Kiefererkrankungen, Verletzungen und Ohrenentzündungen. Es handelt sich hierbei also, bei entsprechender Disposition, um eine Sekundärerkrankung. Aber auch Schädigungen des Gehirns tragen zur Entstehung der Krankheit bei. Fast immer ist nur eine Gesichtshälfte betroffen.

Symptome: Der Mundwinkel der betroffenen Seite hängt herab, daraus resultiert Speichelfluß. Das Auge läßt sich nicht mehr schließen. In manchen Fällen besteht Ohrensausen. Bedingt durch die Gesichtsstarre wirkt das Gesicht maskenhaft.

Behandlung: Es sollte darauf hingezielt werden, die kranke Gesichtshälfte zu durchbluten, so daß der Nerv wiederbelebt wird.

innerlich: Essen Sie täglich 3x1 Knoblauchzehe sowie einen Salat aus Löwenzahn und Petersilie mit Olivenöl und Zitrone.

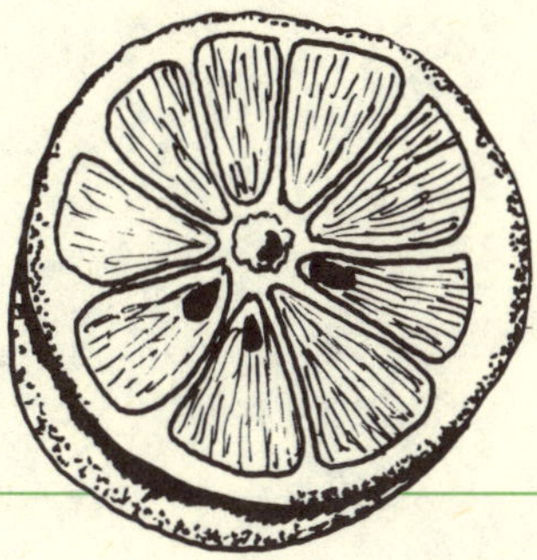

äußerlich: Stellen Sie einen Brei her aus:
1 zerstampften Zwiebel, 30 g scharfen Senf, 5 g Johanniskrautöl, 10 g Cayennepfeffer und 2 g Weinbrand. Diese Mischung wird erwärmt auf die erkrankte Gesichtshälfte gebracht. Sehr wichtig ist die Region vor dem Ohr.

Achtung: Dieser Brei darf nicht ins Auge gelangen.

Die Anwendung sollte 2-3 x täglich für 15-20 Minuten vorgenommen werden.
Berücksichtigen Sie bitte, daß nach erfolgter Behandlung das Gesicht stark gerötet ist.
Außerdem sollten Sie heiße Senffußbäder durchführen.
[siehe Bildtafel S. 107]

Gicht

Diese Erkrankung ist bedingt durch Ablagerung harnsaurer Salze im Körpergewebe, besonders in den Gelenken der Füße und Hände.
Die Krankheit beginnt meist im großen Zehengelenk.

Symptome: Rötung und Schmerz der betroffenen Gelenke.

Behandlung:

innerlich: Essen Sie täglich 1 Apfel und 10 Kirschen [frisch oder aus dem Glas]. Außerdem hat sich die tägliche Einnahme von 3 x 3 Wacholderbeeren [zerkaut genossen] sowie 1 Bund Petersilie sehr gut bewährt. Kochen Sie Sellerie aus 2 zerschnittenen Knollen in 3/4 l Wasser auf. Trinken Sie stündlich von diesem Sud 1 Likörglas. Unterziehen Sie sich alle 3 Tage einer Schwitzkur mit Lindenblüten und Holunderblüten [Dauer ca. 1-2 Stunden]. Nach der Teeeinnahme in Decken hüllen, nach der Schwitzkur die Haut abtrocknen und die Wäsche wechseln.
Essen Sie Diät, möglichst vegetarisch, keinen Alkohol.

äußerlich: Geben Sie auf die kranken Gelenke eine Mischung aus Backpulver und Branntwein. Kochen Sie Linsen und Kamille in Milch, vermischen es mit etwas Gerstenmehl und geben diesen Brei auf die kranken Gelenke, mit einem Tuch abdecken.
Gerste in Essig gekocht, Quitten klein geschnitten und darunter gemengt als Pflaster auf die schmerzende Stelle gelegt, bringt Besserung.

Grauer Star

[siehe Star, grüner S. 89]

Grippe

[siehe Erkältung S. 37]

Gürtelrose

[Herpes zoster]

Die Gürtelrose wird durch einen Virus hervorgerufen, der in Verwandschaft mit den Windpocken-Erregern steht. Es handelt sich hierbei um einen Bläschenausschlag, der nicht nur in der Gürtelregion, sondern an allen Regionen des Körpers entstehen kann. Der Virus breitet sich von der Wirbelsäule über den Verlauf eines Nervenstammes aus, wobei nur eine Körperseite betroffen ist. Erkältungen, Streß, Schwäche und Vitaminmangel können diese Krankheit auslösen.

Symptome: Der Beginn der Krankheit äußert sich in erst leichten, später heftigen Nervenschmerzen. Erst Tage später bilden sich wässrige Pusteln, die dann nach Tagen wieder eintrocknen und evtl. Narben hinterlassen.

Behandlung:

innerlich: Essen Sie täglich 1 Teelöffel Ascorbinsäure und 50 g Melisse. Machen Sie eine Schwitzkur mit Lindenblüten, 1x täglich 4 Tassen trinken. Geben Sie 4 Teelöffel in eine Kanne, überbrühen, 10 Minuten ziehen lassen.

äußerlich: Geben Sie auf die Bläschen Johanniskrautöl. Stellen Sie einen Brei aus Senf und Branntwein her und geben diesen, neben – nicht auf – die Gürtelrose. 2 x täglich 1 Stunde mit einer Plastikfolie abgedeckt auflegen.
Bettruhe ist notwendig.

Halsschmerzen

[siehe Angina S. 12]

Harnblasenentzündung

[siehe Blasenentzündung S. 25]

Hautabschürfung

[siehe Schnittwunden S. 83]

Hagelkorn

[siehe Gerstenkorn S. 46]

Harnwegsinfekt

[siehe Blasenentzündung S. 25]

Hautausschlag

[siehe Allergie S. 10]

Hämorrhoiden

Als Hämorrhoiden bezeichnet man venöse Erweiterungen der Mastdarmgegend. Je nach ihrem Sitz werden sie als äußere oder innere Hämorrhoidialknoten bezeichnet. Als Entstehungsursache wären Stuhlverstopfung, Bindegewebsschwäche und «sitzende Tätigkeiten» zu nennen.

Behandlung:

innerlich: Trinken Sie 3x täglich 1 Glas Ananassaft. Trocknen Sie Kastanienblätter und geben pro Tasse noch 5 Wacholderbeeren dazu. Sie überbrühen pro Tasse 2 Teelöffel, lassen den Tee 15 Minuten ziehen und trinken dann 3x täglich 1 Tasse. Sie können aus den Kastanien auch selbst ein Mehl herstellen und davon 3x täglich 1 Teelöffel einnehmen.

äußerlich: Reiben Sie die Hämorrhoiden mit Rhizinusöl ein. Machen Sie täglich für 10 Sekunden ein kaltes Sitzbad mit Eichenrindenabsud, sowie Knie- und Schenkelgüsse.

Heiserkeit

Die durch entzündliche Prozesse geschwollene Schleimhaut der Stimmbänder kann nicht mehr optimal schwingen. Diese Krankheit entwickelt sich meist nach einer Erkältung mit Rachenkatarrh.

Behandlung:

innerlich: Essen Sie jede Stunde mehrere Salbeiblätter, sowei 1 Zwiebel.

äußerlich: Wassertreten – lassen Sie in die Badewanne kaltes Wasser ein, so daß die Knöchel bedeckt sind. Dauer der Anwendung 30 Sekunden, danach sofort die Füße abtrocknen. Wiederholen Sie dies 3x täglich. Machen Sie außerdem einen Senfwickel um den Hals. Dauer 20 Minuten.

Herzschmerzen

[siehe Angina pectoris S. 13]

Hexenschuß

[Lumbalgie]

Hierbei handelt es sich um Muskelverkrampfungen der Lendenregion, die daraus resultieren, daß durch die Verkrampfung die Nerven der Region komprimiert werden. Diese Muskelverkrampfungen können durch Erkältungen oder Überanstrengungen hervorgerufen werden.
Auch Bandscheibenerkrankungen oder ein Tumor können diese Symptome zeigen.

Achtung: Bei ständig wiederkehrenden oder langandauernden Beschwerden einen Therapeuten aufsuchen.

Symptome: Die Schmerzen strahlen vom unteren Rücken über das Gesäß bis in die Beine.

Behandlung:

äußerlich: Geben Sie ca. 500g Sand in ein Säckchen, legen dieses in die Bratröhre und erhitzen es solange auf ca. 100°, bis der Sand heiß ist. Das Säckchen wird dann, so heiß wie es geht, auf die kranken Stellen gelegt.. 5x täglich 1/2 Stunde. Als Alternative können Sie auch eine Mischung aus 20g Taback, eine zerhackte Zwiebel und 10g Branntwein auf die Schmerzstelle geben. Über die Mischung gibt man eine Plastikfolie, die dann mit einem warmen Tuch abgedeckt wird. Lassen Sie dieses Gemisch 1 Stunde aufgelegt.
Reiben Sie das obere Drittel beider innerer Ohrmuscheln mit Senf oder Nelkenöl ein.
[siehe Bildtafel S. 107]

Hitzschlag

In jeder Minute unseres Lebens leisten wir ständig «Arbeit», auch wenn wir nichts weiter tun als atmen und Nahrung verbrennen. Durch Arbeit wird Hitze erzeugt und normalerweise müßten wir bei lebendigem Leibe schmoren, hätten wir nicht in unserem Körper eine Vorrichtung, die dazu dient, die gebildete Wärme abzugeben: Wir transpirieren und werden durch Verdunstung des Schweißes unseren Wärmeüberschuß los. Wenn nun durch unvorteilhafte und zu enge Kleidung oder durch hohe Luftfeuchtigkeit unter gleichzeitiger anstrengender Arbeit die Wärme in uns gestaut wird, so kommt es zum Hitzschlag.

Symptome: Rote, warme Haut, Kopfschmerzen mit Übelkeit, selbst Schock und Koma sind möglich.

Behandlung: Öffnen Sie dem Kranken die Kleider, ziehen ihm die Schuhe aus und bringen ihn an die frische Luft [Schatten], wobei der Kopf hochgelagert werden muß. Machen Sie kalte Umschläge auf Kopf, Brust und Leib. Notfalls künstliche Beatmung. Drücken Sie mit dem Fingernagel für 3 Minuten die Gegend zwischen Nase und Oberlippe des Ohnmächtigen.

Hoher Blutdruck

[siehe Blutdruck, hoher S. 29]

Hühneraugen

Dieses Übel entsteht immer durch falsches Schuhwerk, dabei verdickt sich die Hautoberfläche an einer oder mehreren Stellen der Zehe. Die beste Therapie ist richtiges Schuhwerk.

Behandlung:

äußerlich: Legen Sie Efeublätter ca. 24 Stunden in scharfen Weinessig. Entnehmen Sie dann am nächsten Tag die Blätter, zerhacken diese ebenso wie eine Knoblauchzehe. Mit etwas Wasser zu einem Brei vermengt, dann auf die betroffenen Stellen, durch ein Pflaster gehalten, geben.
Oder stellen Sie sich eine Mischung aus Knoblauch und Seife her und verfahren Sie wie oben.
Diese Anwendungen sollten 14 Tage durchgeführt werden.

Hornhaut

[siehe Hühneraugen]

Husten

[siehe Bronchitis S. 32]

Impotenz

Behandlung:

innerlich: Essen Sie jeden Tag einen Salat aus 5 Stangen Spargel, 1 Knolle Sellerie, 1/4 Teelöffel Cayennepfeffer sowie 5 Wacholderbeeren.

äußerlich: Legen Sie einen heißen Kieselstein auf die Mitte beider Handgelenkinnenfurchen und einen Kieselstein 2 Querfinger breit über das Schambein in der Bauchnabellinie [mit Leukoplast fixieren].
Sagen Sie sich vor dem Zubettgehen ca. 20x «Ich habe keine sexuellen Probleme». Dieser Satz wird dann vom Unterbewußtsein ins Bewußtsein eingelagert und die Probleme verfliegen.
[siehe Bildtafel S. 102 oder 104]

Insektenstich

[siehe Bienenstich S. 24]

Ischias

[siehe Hexenschuß S. 55]

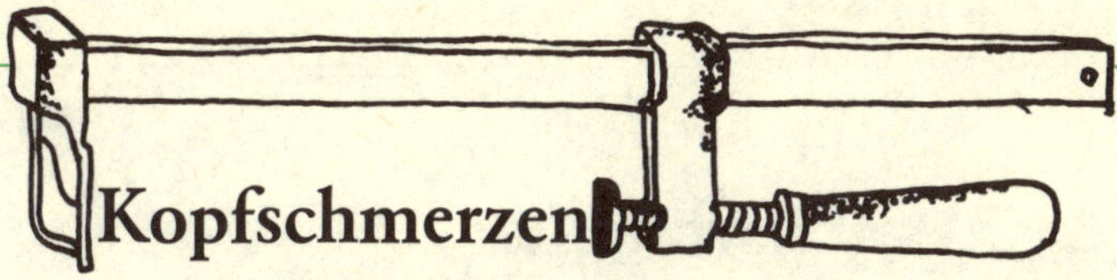

Kopfschmerzen

Ungleichmäßige Blutversorgung des Gehirns, also die Blutleere oder Blutüberfüllung ist in den meisten Fällen die Ursache von Kopfschmerzen. Kopfschmerzen, die vom Genick ausgehen, resultieren meist aus einer abgenutzten Halswirbelsäule. Ebenso entsteht dieses Übel durch zu hohen oder zu niedrigen Blutdruck. Kopfschmerzen auf nervöser Grundlage entstehen durch Überreizung des Nervensystems, bedingt durch Aufregungen, Ärger, Streß etc..

Achtung: Bei ständigem Kopfschmerz zum EEG oder Röntgen gehen. Die Behandlung muß man differenziert sehen.

Behandlung: bei Blutüberfüllung: [gilt bei hohem Blutdruck, meist roter Kopf]

äußerlich: Kalte Quarkkompressen auf die Strin legen, die halbstündlich gewechselt werden müssen, sowie heiße Fußbäder dreimal täglich 10 Minuten mit einem Eßlöffel Thymian.

Behandlung: bei Blutleere: [gilt bei zu niedrigem Blutdruck, meist blasses Gesicht]

äußerlich: Beine hochlegen, kalte Fußbäder, trinken Sie Spinat- oder Rote-Beete-Saft.

Behandlung: bei nervöser Grundlage:

innerlich: Trinken Sie 2 Tassen Tee aus Baldrian und Kamille

Behandlung: bei Nackenkopfschmerz:

innerlich: Essen Sie Bambussprossen [gibt es in chinesischen Lebensmittelgeschäften].

äußerlich: Heiße, zerdrückte Pellkartoffeln in ein Leinentuch geben und ins Genick legen.

Karbunkel

[siehe Furunkel S. 41]

Kollaps

[siehe Ohnmacht S. 75]

Krampfadernentzündung

[siehe Venenentzündung S. 94]

Kreuzschmerzen

[siehe Hexenschuß S. 55]

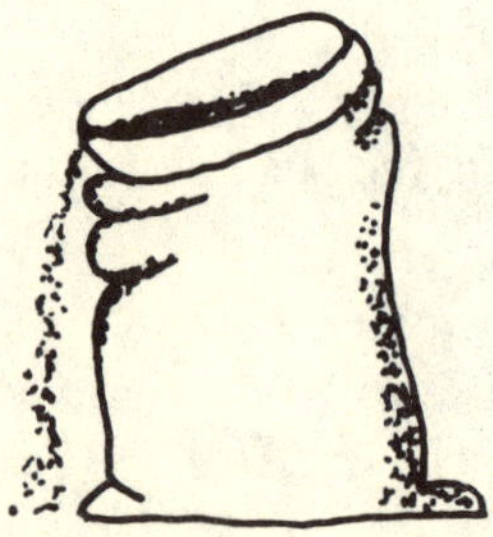

Lebererkrankung

[siehe Gallenblasenentzündung S. 43]

Lungenemphysem

Hierbei handelt es sich um einen Elastizitätsverlust der Lunge durch Zerstörung der Lungenbläschen. Die Ursache ist meistens eine chron. Bronchitis. Durch das Lungenemphysem wird der Blutkreislauf in der Lunge behindert, was zu einer Belastung des Herzens führt.

Symptome: Verstärkte Schleimabsonderung, Kurzatmigkeit, Atemnot und Husten.

Behandlung:

innerlich: Gut bewährt hat sich bei dieser Krankheit der tägliche Verzehr von 5-10 g Ingwer und 1 Rettich. Trinken Sie 3 x täglich 1 Tasse Thymiantee.

äußerlich: Machen Sie jeden Tag für 10 Minuten ein warmes Fußbad in einer Lösung aus Salz und Holzasche. Je Bad 5 Eßl.. Massieren Sie an beiden Daumen das Nagelbett innen. Jeden 2. Tag ca. 8 Zwiebelscheiben auf die Brust legen, Plastikfolie darüber, Wolltuch als Abschluß.

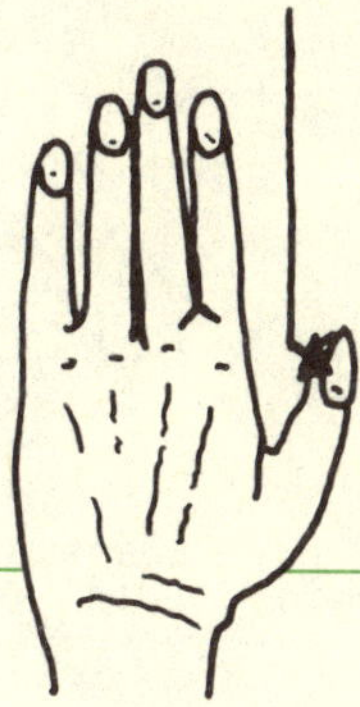

Lungenentzündung

[Pneumonie]

Es gibt 2 Formen der Lungenentzündung.

1. Die Katarrhalische als Sekundärerkrankung nach Infektionserkrankungen.
2. Die kruppöse als selbständige Erkrankung.

Die Lungenentzündung wird ausgelöst durch Bakterien verschiedener Art, die ständig im Mund- und Rachenraum existent sind und erst durch Abwehrschwäche dem Körper schädlich werden können. Mit der Atemluft gelangen dann die Erreger in die Lunge und rufen dort die Entzündung hervor. Dadurch entsteht Atemnot. Viel verhängnisvoller sind die Giftstoffe der Bakterien, die über den Blutweg in den Körper gelangen und besonders das Herz schädigen können.

Symptome: Schmerzhafter Husten, Fieber bis 40°, schneller Puls, Abgeschlagenheit, Frösteln

Behandlung:

innerlich: Essen Sie 5 Zehen Knoblauch täglich oder 3 Zwiebeln über den Tag verteilt. Trinken Sie einen Tee [4 x täglich 1-2 Tassen]. Nehmen Sie für eine Kanne Tee 1 Eßl. Kamille, 1 Eßl. Thymian, 1 Eßl. Holunder, 1 Eßl. Flieder, 1 Eßl. Lindenblüten und 1 Eßl. Zimtpulver. Durch den Tee setzt ein starkes Schwitzen ein. Sofort trockenreiben und die Wäsche wechseln.

äußerlich: Machen Sie Senfumschläge auf Brust und Rücken 4 x täglich 10 Minuten.

Achtung: Oft ist eine Antibiotikabehandlung erforderlich.

Bettruhe <u>muß</u> eingehalten werden.
Die Therapie wird durch Fasten unterstützt. Erlaubt sind Schleimsuppen oder Obst- und Gemüsesäfte.

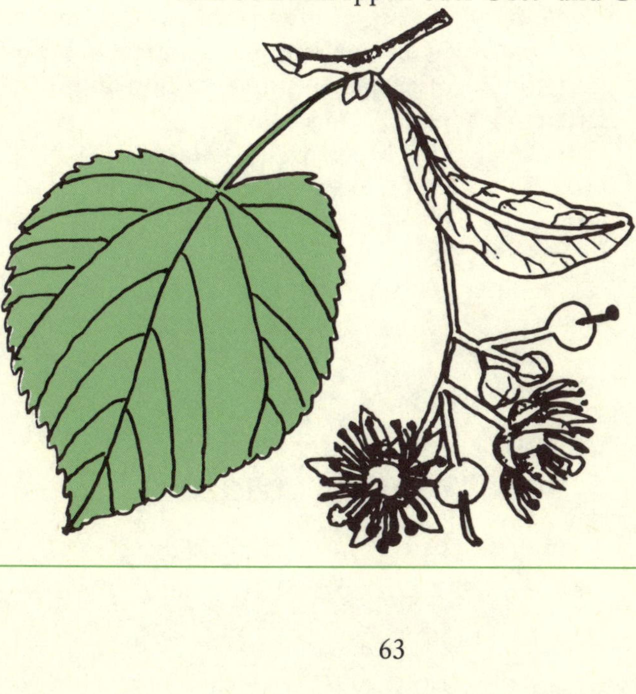

Magengeschwür

Das Magengeschwür entsteht durch örtliche Zirkulationsstörungen, die zu mangelnder Blutversorgung der Magenschleimhaut führen. Bedingt dadurch kann diese geschwächte Stelle dann durch den eigenen Magensaft angegriffen werden. Meist basiert die Ursache auf einer vegetativ schwachen Konstitution.

Symptome: Schmerzen, die sich vom Bauch bis in den Rücken ziehen, welche charakteristischerweise regelmäßig 1 bis 3 Stunden nach dem Essen einsetzen und oft mit Übelkeit und Erbrechen einhergehen. Auch Sodbrennen kann bestehen.

Behandlung:

innerlich: Die innerliche Behandlung beginnt mit dem Verbot von Nikotin, Alkohol; Kaffee, fettem Fleisch, fettem Fisch, Mayonnaise, Hülsenfrüchten, Kohlsorten, frischem Brot, Gebratenem und Geröstetem, scharfen Gewürzen, Eierspeisen, unreifem Obst und Obstsäften mit hohem Säuregehalt.

Trinken Sie jeden Morgen 1 Glas Magermilch. Nehmen Sie jeden Tag 3x1 Teelöffel Heilerde Luvos ultra.

äußerlich: Sollten Sie Rechtshänder sein, dann betupfen Sie die linke, innere Ohrmuschel 3 x täglich mit Nelkenöl oder Pfefferminzöl. Beim Linkshänder umgekehrt. Machen Sie Senfumschläge mit scharfem Senf auf die Magengegend unter dem Brustbein und unterhalb der Kniegelenke. Schmieren Sie den 1. Zeh nach dem großen Zeh ein. Die Senfumschläge müssen warm sein und werden zuerst mit einer Plastikfolie und danach mit einem Tuch abgedeckt.
[siehe Bildtafel S. 102 oder 104 und 107]

Magenschmerzen

[siehe Magengeschwür S. 64]

Mandelentzündung

[siehe Angina S. 12]

Menstruation [zu starke]

Behandlung:

innerlich: Geben Sie auf 1 Tasse Wasser 1/2 Zitrone und 1/2 Eßl. Zimt. 3 x täglich eine Tasse trinken. Sie können auch 3 x täglich 1 Tasse Thymiantee trinken., jeweils 10 Minuten ziehen lassen.
Auch gekochte Linsen über den Tag verteilt gegessen, hemmen zu starke Menstruation.
Ebenso können Sie 3 x täglich 1 Tasse Pfefferminztee trinken, in den Sie 1/8 Teelöffel Cayennepfeffer geben.

Achtung: Bei ständig starker Menstruation einen Frauenarzt konsultieren.

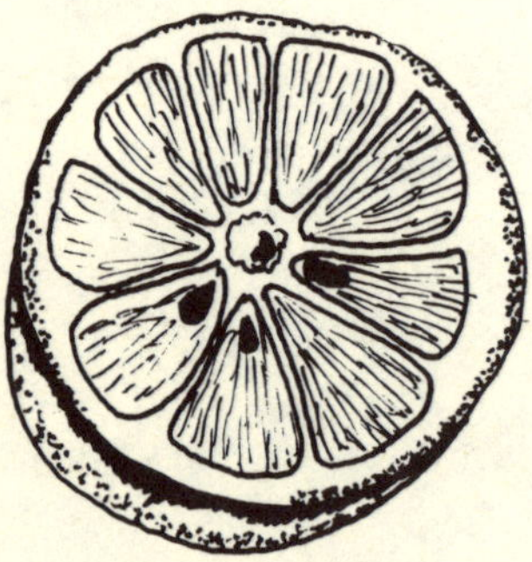

Migräne

Die Migräne ist ein anfallsweise und periodisch auftretender Kopfschmerz mit Funktionsstörungen in verschiedenen Organen.
Die Ursachen der Migräne sind nicht bekannt. Unbekannt ist auch, warum hauptsächlich Frauen von dieser Krankheit befallen werden. Fest steht aber der Mechanismus. Man kann sagen, daß die Migräne durch Spannungszustände der Blutgefäße entsteht. Das Zusammenziehen der Arterien unter gleichzeitiger Erweiterung der Venen führt zum Schmerzzustand. Anfälle können durch Nervosität, Ärger, Freude oder Streß ausgelöst werden.

Symptome: Gewöhnlich beginnt der Anfall am Morgen. Die Krankheit beginnt mit Lichtempfindlichkeit, Frösteln, Übelkeit und starken Schmerzen, meist auf einer Schläfenseite.

Behandlung:

innerlich: Trinken Sie Thymiantee. Bei Beginn des Anfalls 2 Tassen [pro Tasse 1 Teel. heiß überbrühen, 10 Minuten ziehen lassen]. Trinken Sie außerdem 1 Glas Essigwasser [1:10]

äußerlich: Bringen Sie 200 g abgepacktes Schweineschmalz zum Sieden, nehmen es dann vom Feuer und geben in das heiße Fett je 1 Eßl. zerkleinertes Hirn, Rosmarin und Thymian. Diese Mischung muß erkalten. Danach auf die erkrankte Stelle auftragen.
Zum Ableiten der Krankheit aus dem Kopf machen Sie ein heißes Fußbad von 10 Minuten Dauer unter dem Zusatz von je 1 Eßlöffel Senf und Thymian.
Tragen Sie scharfen Senf auf das 1. Glied beider Zeigefinger auf [Fingeroberseite]. Mit einer Nudelrolle oder Flasche gewalzte Kohlblätter [Weißkohl] auf Stirn oder Schläfe legen. Die Hauptrippe des Kohls muß entfernt werden.

Mittelohrentzündung

Auf der Basis von Katarrhen des Nasen-Rachen-Raumes entwickelt sich meist dieses Krankheitsbild. Die Krankheitserreger wandern durch die Ohrtrompete ins Mittelohr.

Symptome: Heftige Schmerzen in der Ohrgegend, meist in Begleitung von Fieber.

Behandlung: Bettruhe, Diät einhalten.

innerlich: 6 x täglich 1 Knoblauchzehe oder 1/2 Zwiebel einnehmen und stündlich eine Tasse Kamillentee trinken.

äußerlich: Geben Sie eine Mischung aus warmem Johanniskrautöl [5 g], Olivenöl [5 g], Knoblauchöl [1/4 g] und Nelkenöl [2 g] ins Ohr.
Dieselbe Mischung wird im stündlichen Wechsel mit scharfem Senf für je 20 Minuten <u>hinter</u> die Ohren aufgetragen, mit Watte abgedeckt und mit einem Tuch um den Kopf befestigt.
Zur Abrundung der Therapie machen Sie 2 x täglich ein 10-minütiges heißes Fußbad mit 1-2 Eßlöffeln scharfem Senf (bei Kindern nur 1 Teelöffel).

Monatsblutungen

[siehe Menstruation, zu starke S. 66]

Mundgeschwüre

[siehe Zahngeschwüre S.100]

Mumps

[siehe Mittelohrentzündung S. 69]

Muskelkater

Als Muskelkater bezeichnet man einen schmerzhaften Spannungszustand der Muskulatur, bedingt durch ungewohnte Muskeltätigkeit und daraus resultierender Übersäuerung der Muskelzellen.
Um einem Muskelkater vorzubeugen sollte man regelmäßig seinen Körper trainieren.
Sollten Sie nach Jahren eine früher ausgeübte Sportart wieder aufnehmen, muten Sie sich am Anfang nicht zuviel zu. Beginnen Sie mit leichter Gymnastik. Mit der Sportart dann schrittweise beginnen. Beim Fußball z.B. erst ein Viertelstündchen spielen.

Behandlung:

innerlich: Essen Sie 1-2 Bananen und 1 Kiwi.

äußerlich: Kochen Sie 3 Eßl. Wacholderbeeren (vorher zerquetschen) 5 Minuten in 1/2 l Wasser. Tränken Sie mit dieser Abkochung ein Tuch und geben es auf die schmerzhaften Stellen. Bei Abkühlung den Umschlag erneuern. Gesamtdauer ca. 1/2 Stunde.

Nabelkoliken

[siehe Bauchschmerzen S. 20]

Nagelbettvereiterung

[siehe Fingergeschwür S. 39]

Nasenbluten

Ursachen sind in den meisten Fällen Verletzungen der feinen Nasengefäße durch Stoß, Fall oder Nasenbohren. Auch Aufregungen oder hoher Blutdruck können dieses Symptom hervorrufen. Nasenbluten kann bei hohem Blutdruck oft erleichternd wirken. Man nimmt auch an, daß Nasenbluten schon manch einen Schlaganfall verhindert hat. Bei diesen beiden Krankheitsgruppen nicht sofort blutstillende Maßnahmen einleiten.

Behandlung: Beginnen Sie mit Mundatmung. Legen Sie kalte, nasse Tücher in den Nacken. Die Sitzhaltung muß leicht vornübergebeugt sein.
Binden Sie den kleinen Finger ab, auf der Seite, die vom Nasenbluten betroffen ist und die gegenüberliegende Hand. [Der Finger sollte blau anlaufen.]

Achtung: Nicht länger als 10 Minuten abbinden.

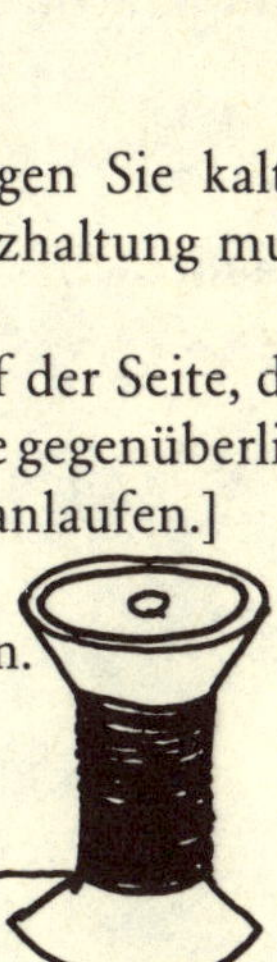

Nervenentzündung

[Neuralgie]

Wie alle Organe unseres Körpers können auch unsere Nerven sich entzünden. Ursachen sind Verletzungen der Nerven durch Druck oder Quetschung. Aber auch ein Tumor kann schuld sein. Infektionskrankheiten, metallische Gifte sowie Alkohol und Nikotin können diese Krankheit ebenfalls hervorrufen.

Symptome: In den befallenen Nervenregionen entstehen heftige Schmerzen, gefolgt von Empfindungslosigkeit und Lähmungserscheinungen.

Behandlung: Beginnt mit der Ausschaltung der Ursachen

innerlich: Überbrühen Sie 1 Eßl. Fenchel, 1 Eßl. Rosmarin, 1 Eßl. Beifuß und 1 Eßl. Dill mit kochendem Malzbier. Diese Mischung reicht für 1 Kanne. Trinken Sie davon 3 x täglich 1-2 Tassen.

äußerlich: Stellen Sie eine Paste her aus Branntwein und Soda [Backpulver]. Geben Sie diese auf die erkrankten Stellen 2 x täglich für 30 Minuten unter Folienabdeckung. Oder nehmen Sie Mehrrettich und verfahren wie oben.

Nervenschmerzen

[siehe Nervenentzündung S. 72]

Nesselfieber

[siehe Allergie S. 10]

Neuralgie

[siehe Nervenentzündung S. 72]

Niedriger Blutdruck

[siehe Blutdruck, niedriger S. 28]

Nierenentzündung

[siehe Nierenbeckenentzündung S. 74]

Nierenschmerzen

[siehe Nierenbeckenentzündung S. 74]

Nierenbeckenentzündung

Diese Entzündung resultiert entweder aus Nierensteinen oder durch aufsteigende Infektionen der Harnwege.

Symptome: Fast immer kommt es zu Fieber, oft auch zu Schüttelfrost. Auch Mattigkeit, Erbrechen und Kreuzschmerzen werden sehr oft beobachtet. Der Harn ist fast immer sehr trüb.

Behandlung:

innerlich: Fleischlose Kost in Verbindung mit viel Flüssigkeit ist angezeigt [kein Salz].

Essen Sie täglich 1 Bund Petersilie und 1 Knolle Sellerie. Trinken Sie einen Tee aus Wacholder, Rosmarin, Kamille und Lindenblüten. Nehmen Sie von dieser Mischung pro Tasse 1 Teelöffel.

äußerlich: Machen Sie 2 x täglich ein heißes Fußbad mit 1 Eßl. Senf, 1 Zwiebel und 1 Eßl. Rosmarin.

Bürsten Sie sich 3 x täglich die Nierengegend, bis Rötung eintritt. Dann geben Sie auf diese Stelle scharfen Senf, unter Zusatz von schwarzem Pfeffer und überdecken das Ganze mit einer Plastikfolie. Anschließend geben Sie ein Tuch und dann die Bettdecke darüber.

Ohnmacht

Bei der Ohnmacht handelt es sich um einen anfallsweise auftretenden Zustand von Bewußtlosigkeit, verursacht durch vorübergehende Blutleere des Gehirns, wobei Atmung und Herztätigkeit nicht unterbrochen sind.

Ursachen sind langes Stehen, das Blut «sackt» in die Beine. Daraus resultiert ein schwach durchblutetes Gehirn.

Weitere Ursachen sind eine Anämie, niedriger Blutdruck, Schreck, Ärger, Blutverlust etc.. Auch das Aufhalten in schlechter Luft und Sauerstoffmangel kann zum Kollaps führen.

Symptome: kalter Schweiß auf der Stirn, Hände und Füße werden kalt, das Gesicht verfärbt sich weiß.

Achtung: Bei jeder Art von Ohnmacht, die länger andauert, immer einen Krankenwagen oder die Feuerwehr rufen.

Behandlung: Kleider öffnen und für frische Luft sorgen. Beine hochlagern, Herzmassage vornehmen. Drücken Sie Ihren Fingernagel ca. 1 Minute zwischen Nase und Oberlippe des Ohnmächtigen.

Ohrenschmerzen

[siehe Mittelohrentzündung S. 69]

Ohrensausen

[Tinnitus]

Ohrensausen kann man nicht als Krankheit bezeichnen, sondern es ist ein Symptom, das resultiert aus Reizung der Gehörnerven, Arteriosklerose, hohem oder niedrigem Blutdruck, Blutarmut oder als Folge einer Mittelohrentzündung. Durch Behebung dieser Erkrankungen läßt das Ohrensausen in der Regel nach.

Behandlung:

innerlich: oral: Schlucken Sie 4 x täglich 1 Eßl. verdünnte Arnikatinktur [1 Eßl. auf 1 Glas Wasser]. Essen Sie außerdem 3 x täglich eine Knoblauchzehe.

äußerlich: ins Ohr: Träufeln Sie eine Mischung aus Mandel- und Knoblauchöl [warm] ins Ohr, mit Watte abdichten.
Tägliches kaltes Wassertreten von 10-15 Sekunden in der Badewanne erzielt einen zusätzlichen Erfolg.

Pickel

[siehe Akne S. 9]

Podagra

[siehe Gicht S. 49]

Prellung

[siehe Verstauchung S. 96]

Rachenkatarrh

[siehe Angina S. 12]

Raucherkatarrh

[siehe Heiserkeit S. 54]

Regel zu starke

[siehe Menstruation, zu starke S. 66]

Reisekrankheit

Hierbei kommt es durch ungewohnte Bewegungen zur Störung der Gleichgewichtsempfindung mit anschließenden Symptomen des Gehirns und des Nervensystems.

Symptome: Es zeigen sich Übelkeit, Erbrechen, Schwindel, Kopfdruck und Pulsrasen.

Behandlung:

innerlich: 2 Tage vor Beginn der Reise mischen Sie sich einen Tee aus Kamille [10 g], Anis [10 g] und Arnika [5 g]. 3 x täglich 1 Tasse trinken [pro Tasse 1 Teelöffel der Mischung überbrühen]. Trinken Sie außerdem 2 x täglich 1 Glas Möhrensaft.

äußerlich: Am Abend vor Reisebeginn geben Sie Pfefferminzöl unter Abdeckung einer Folie hinter die Ohren, unter das Brustbein und auf eine Stelle ca. 4 cm unterhalb der Kniescheiben [Außenseite].
[siehe Bildtafel S. 102 oder 104 und 107]

Rheuma

[siehe Gelenkentzündung S. 45]

Rippenfellentzündung

[siehe Lungenentzündung S. 62]

Rissige Hände

Behandlung:

äußerlich: Vermengen Sie 2 Eßl. Hafermehl mit 1 Schnapsglas Wasser sowie dem Saft von 30 g Lauch zu einer Paste und geben diese für 1 Stunde täglich auf die Hände. Fangen Sie Ihren Urin in einem Behälter auf, tränken Sie einen Wattebausch und betupfen damit die rissigen Hände.

Rülpsen

[siehe Aufstoßen S. 17]

Schaufensterkrankheit

[siehe Arterienverkalkung S.14]

Schlaflosigkeit

Schlaflosigkeit beruht meist auf nervöser Basis. Aber auch ein Mißbrauch von Kaffee und Nikotin kann dieses Übel verursachen. Ärger, Streß und Schmerzen wären noch als Faktor zu nennen.

Behandlung:

innerlich: Trinken Sie jeden Abend vor dem Schlafen 1 Glas warmes Malzbier und essen 1/2 geschälten Apfel. Auch der Saft einer Zitrone hat gute Erfolge gezeigt.

äußerlich: Nehmen Sie vor dem Zubettgehen ein heißes Fußbad. Massieren Sie vor dem Schlafengehen für 5 Minuten die inneren Gelenkfalten der Handgelenke. [siehe Bildtafel S. 106]

Schluckauf

[Singultus]

Das dabei entstehende Geräusch entsteht durch das sich krampfartig zusammenziehende Zwerchfell.

Behandlung:

äußerlich: Drücken Sie für 1-2 Minuten etwas fest gegen die Halsschlagadern.
Auch kalte Wasserkompressen auf dem Leib haben gute Wirkung gezeigt.

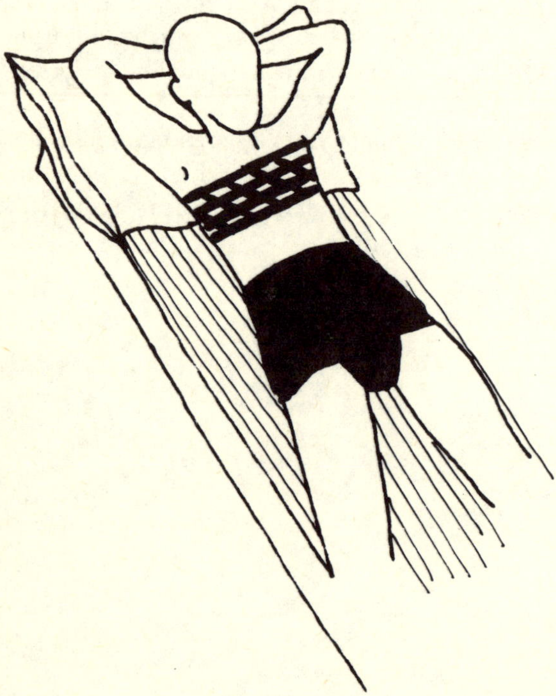

Schnittwunden

Behandlung:

innerlich: Trinken Sie Himbeerblättertee und geben Sie als Zusatz 1/10 Teelöffel Cayennepfeffer hinein.
1 Arnikablüte zerkauen und dann ausspeien.

äußerlich: Zerhacken Sie Kohlblätter zu einem Brei und geben diesen auf die Wunde.
Essig, 1:1 mit Wasser verdünnt, zeigt ebenfalls sehr gute Erfolge.
Als Alternative können Sie auch rohe, geriebene Möhren auf die Stelle geben.
Zuckerrübensirup eignet sich ebenso wie eine Mischung aus Salz, Zwiebeln und Tomaten [zerstampfen].
Auch sauberes, gewaschenes Gras wirkt günstig in Verbindung mit Cayennepfeffer.

Schnupfen

[siehe Erkältung S. 37]

Schreibkrampf

Der Schreibkrampf entsteht oft bei vegetativ labilen Personen, entweder durch übermäßiges Schreiben oder durch falsche Schreibhaltung. Daraus resultieren dann auch sehr oft neuralgische Schmerzen, die dann bis zum Nacken ausstrahlen.

Behandlung: Machen Sie auf jeden Fall zwischen den Schreibarbeiten kurze Pausen.

äußerlich: Erwärmen Sie etwas Rizinusöl unter Zugabe von 2 Tropfen gereinigtem Terpentinöl. Diese Mischung müssen Sie vor Arbeitsbeginn kräftig in die Haut der Schreibhand einmassieren, ebenso nach Arbeitsschluß.

Schwäche

[siehe Abwehrkraft S. 7]

Schweißabsonderung

[siehe Schwitzen S. 86]

Schwindel

[Vertigo]

Hierbei handelt es sich um ein Symptom verschiedener Erkrankungen. Zu nennen wäre die Arteriosklerose, der hohe und niedrige Blutdruck, die Blutarmut etc..
Durch Blutüberfüllung oder Blutleere im Gehirn, aber auch durch nervöse Dysregulation kommt es zur Störung im Gleichgewichtszentrum, daraus resultiert der Schwindel.

Behandlung: siehe oben angegebene Krankheiten

Achtung: Schwindel kann auch durch einen Tumor verursacht werden. Röntgenkontrolle bei langanhaltenden Beschwerden ist unbedingt erforderlich.

Schwitzen

Die Ursache liegt zum Teil in einer ererbten Anlage, andererseits ist der Schweiß aber auch ein Zeichen von Nervosität. Sehr nützlich ist er bei Infektionserkrankungen, um sogenannte Giftstoffe aus dem Körper zu leiten.
Ferner ist er bei Fettsucht, Tuberkulose, Schilddrüsenerkrankungen, im Klimakterium und bei körperlicher Überanstrengung zu finden.

Behandlung: Auf gar keinen Fall dürfen wir den Schweiß unterdrücken [wie das Fieber].
Der Schweiß ist ein Regulationsmechanismus der Natur und sollte in diesem Fall unterstützt werden.
Wir nehmen diesem Krankheitssymptom den Stachel, indem wir in die Krankheit «hineingehen», sie annehmen, sie fördern durch schweißtreibende Tees.
Nehmen Sie pro Tasse 1/2 Teelöffel Holunder, 1/2 Teelöffel Lindenblüten und 5 Wacholderbeeren.
Trinken Sie 3 x täglich 1 Tasse über 1 Monat und Sie werden sehen, daß bald danach das chron. Schwitzen verschwunden ist.

Sehnenscheidenentzündung

[Tendovaginitis]

Hauptsächlich handelt es sich hierbei um eine Überanstrengung der Sehnen, Meistens ist die Entzündung in der Nähe des Handgelenks zu beobachten. Da die Sehnenscheiden durch dauernde Reibung gereizt werden, sich entzünden und anschwellen, können die Sehnen weniger gut gleiten. So entsteht sehr schnell ein sogenannter Teufelskreis.

Symptome: Wird in diesem Stadium die Hand benutzt, stellen sich starke Schmerzen ein. Die Haut über der Sehne ist heiß, gerötet und geschwollen.

Behandlung: Die Behandlung beginnt mit der Ruhigstellung des Arms durch eine Armschlinge, beim Bein durch Bettruhe.

innerlich Trinken Sie 3 x täglich 1 Tasse Tee aus Arnika und Johanniskraut. Pro Tasse nehmen Sie 1/4 Teelöffel Arnika und 3/4 Teelöffel Johanniskraut.

äußerlich: Streichen Sie die erkrankte Stelle mit scharfem Senf ein und streuen etwas Cayennepfeffer darüber. Decken Sie diese Mischung mit einer Plastikfolie ab und wickeln ein Wolltuch herum.

Seekrankheit

[siehe Reisekrankheit S. 79]

Sodbrennen

[siehe Magengeschwür S. 64]

Sommersprossen

Massieren Sie 3 x täglich einen Monat lang Rizinusöl kräftig in die Haut ein.

Sonnenstich

[siehe Hitzschlag S. 56]

Sonnenbrand

[siehe Brandwunden S. 30]

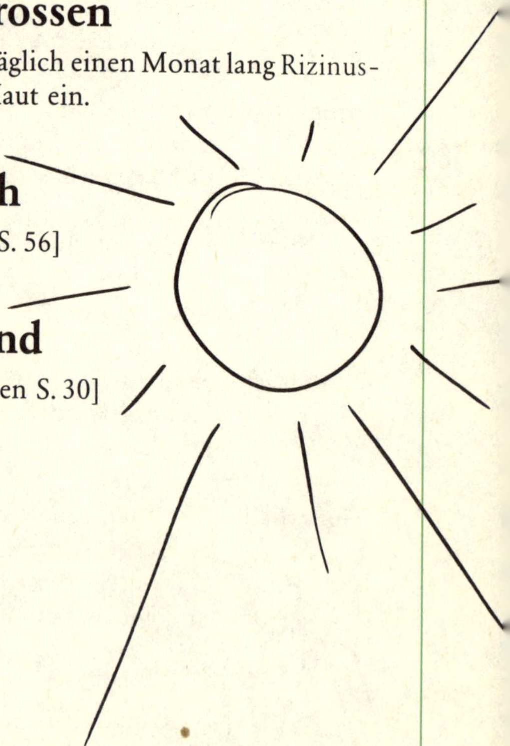

Star grüner

[Glaucom]

Hierbei handelt es sich um eine Erhöhung des Augeninnendrucks, der zur Zerstörung des Augennervs führen kann.
Ab dem 50. Lebensjahr sollte jeder Patient regelmäßig zum Augenarzt gehen und den Augendruck messen lassen.

Symptome: [beim sogenannten Glaukomanfall]: heftige Kopf- und Augenschmerzen, evtl. Erbrechen sowie das Sehen von farbigen Ringen.

Behandlung: Durch den Augenarzt. Einnahme von Augentropfen auf Dauer erforderlich.
Zusätzlich haben sich 10-minütige Senf-Fußbäder bewährt. Auf eine Fußbadewanne geben Sie 1-2 Eßl. scharfen Senf.
Das homöopatische Präparat Atropinum sulfuricum D6 innerlich eingenommen, zeigt sehr gute Heilerfolge.

Stillbeschwerden

[siehe Brustdrüsenentzündung S. 34]

Stuhlverstopfung

[Obstipation]

Dieses weitverbreitete Übel, das besonders Frauen betrifft, hat verschiedene Ursachen. Ernährungsfehler stehen an erster Stelle, z.B. einseitige Ernährung ohne Ballaststoffe [Fleisch, Eier, Schokolade, Kuchen, Weißbrot etc.]. Auch Stuhlverhaltung führt zur Verstopfung sowie nervliche Überlastung.
Die Darmmuskeln sind bei dieser Erkrankung entweder durch geringe Tätigkeit erschlafft oder es besteht ein dauernder Spannungszustand.

Behandlung: Meiden Sie Abführmitel, der Darm wird dadurch träge und Sie kommen ohne Abführmittel nicht mehr aus.
Die beste Medizin ist eine zellulosehaltige Kost, weil dadurch der Darm angeregt wird. Essen Sie deshalb täglich Gemüse, Obst [Äpfel], Salat, Nüsse, Vollkornbrot. Bewegung regt zusätzlich die Darmtätigkeit an.

innerlich: Trinken Sie 4-5 x täglich 1/2 Glas lauwarmes Wasser sowie 2 x täglich 1 Teelöffel Olivenöl.

äußerlich: Machen Sie vor dem Mittag- und Abendessen einen feuchtwarmen Leibumschlag.
Massieren Sie jeden Tag 1 x kräftig für 5 Minuten Ihre Fußsohlen.

Tennisarm

[Epicondylitis]

Hierbei handelt es sich um eine Entzündung der Streckmuskelsehnen, die am Knochenfortsatz des Ellenbogens ansetzen. Die Entzündung kann sich jedoch auch auf die gesamte Region ausbreiten. Diese Krankheit tritt natürlich nicht nur bei Tennisspielern auf, sondern kann generell durch jede Überanstrengung der Arme entstehen.

Symptome: Schnelle Ermüdung des Unterarms sowie Schmerzen in der Ellenbogengegend.

Behandlung: äußerlich: Stellen Sie eine Mischung aus Zigarettentabak, Jodsalz und Senf [je ein Eßlöffel] her, erwärmen die kranke Stelle durch Reiben und geben dann die Mischung unter Abdeckung einer Folie auf die schmerzende Region. Danach wickeln Sie ein Wolltuch um die betroffene Stelle. Machen Sie diesen Wickel alle 2 Tage für je 30 Minuten.

Befestigen Sie außerdem einen heißen Kieselstein oder eine Stahlkugel mit Leukoplast zwischen Daumen und Zeigefinger auf der Handoberfläche des kranken Armes.

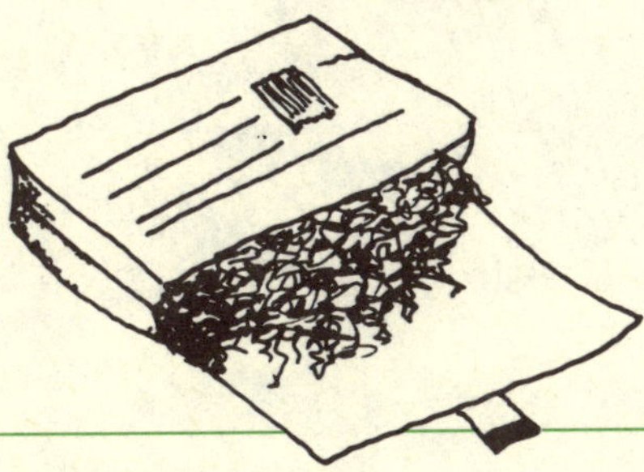

Tennisellenbogen

[siehe Tennisarm S. 91]

Thrombose

[siehe Venenentzündung S. 94]

Transpirieren

[siehe Schwitzen S. 86]

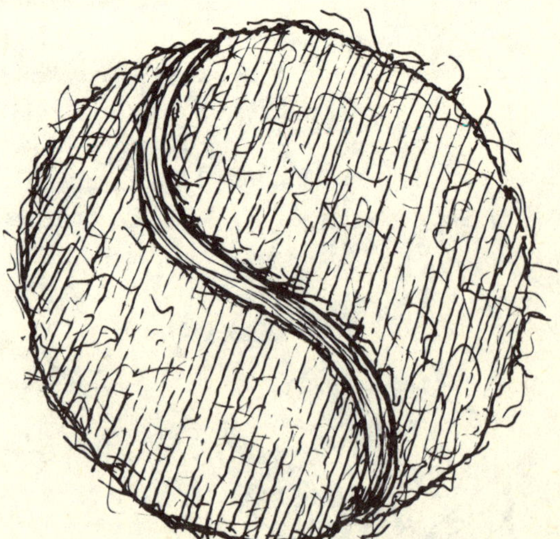

Ulcus cruris

[siehe Beine – offene – S. 21]

Unreine Haut

[siehe Akne S. 9]

Unterschenkelgeschwür

[siehe Beine – offene – S. 21]

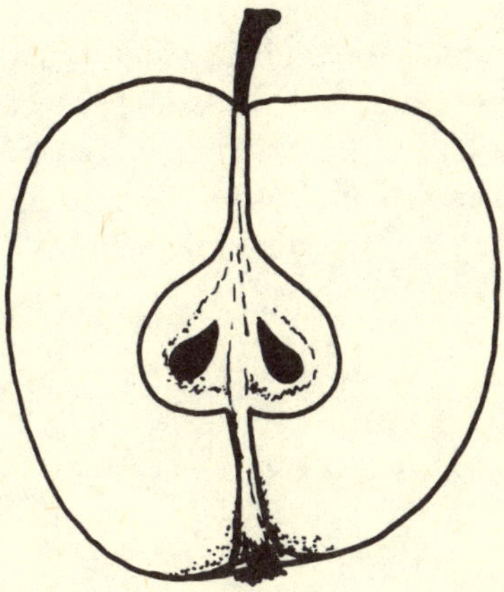

Venenentzündung

[Phlebitis]

Bedingt durch äußere Verletzungen oder innere Entzündungen einer Krampfader entsteht eine Venenentzündung. Daraus resultiert dann oft eine Thrombose (Blutgerinsel), die sich über den Blutweg in den verschiedensten Organen ansiedeln kann. Es entsteht eine Embolie.

Symptome: Die Venen sind als derbe, rote, heiße und schmerzende Stränge zu spüren.

Behandlung: Sie sollte stets mit Bettruhe und Hochlagerung des Beines beginnen.

innerlich Trinken Sie täglich 3-4 Gläser Ananassaft. Essen Sie jede Stunde 1/4 Knoblauchzehe oder 1/4 Zwiebel.

äußerlich: Machen Sie 1/4-stündlich einen Quarkumschlag aus dem Kühlschrank. Auch kalte Essigwasserumschläge bringen bald Erleichterung. Geben Sie 10 Eßl. Essig auf einen Liter Wasser. Nach Erwärmung des Umschlages einen neuen anlegen.

V

Verbrennungen

[siehe Brandwunden S. 30]

Verbrühungen

[siehe Brandwunden S. 30]

Verschleimung

[siehe Bronchitis S. 32]

Verstauchung

[Distorsion]

Eine Verstauchung tritt nach einem Sturz oder durch Umknicken ein. Das Gelenk schwillt an, durch Dehnung der Gelenkkapsel und der Bänder. Dabei zerreißen Blutgefäße und führen zu den bekannten Verfärbungen der kranken Region.

Behandlung:

innerlich: Trinken Sie 3 x täglich einen Tee aus: Arnika [1/4 Teelöffel], und Beinwell [3/4 Teelöffel] pro Tasse, heiß überbrüihen, 10 Minuten ziehen lassen!

äußerlich: Die verletzte Extremität muß hochgelagert werden und alle 10-15 Minuten mit kalten Essigwasserumschlägen behandelt werden.
Auf 1 l Wasser 10 Eßl. Essig.

Achtung: Röntgenaufnahmen anfertigen lassen, ob kein Bruch vorliegt.

Völlegefühl

[siehe Aufstoßen S. 17]

Warzen

[Verruca vulgaris]

Hierbei handelt es sich um eine Virusinfektion, die besonders bei Kindern ansteckend ist.

Behandlung:

äußerlich: Es gibt mehrere gute Mittel zur Heilung dieser Erkrankung:

1. Reiben Sie 3 x täglich die Warze kräftig mit Rizinusöl ein.
2. Legen Sie über Nacht ein Stückchen Ananas auf die Warze [mit einer Binde befestigen!]
3. Zerstampfen Sie das Blattgrün vom Lebensbaum und geben es auf die Warze [Anwendung wie bei Ananas].

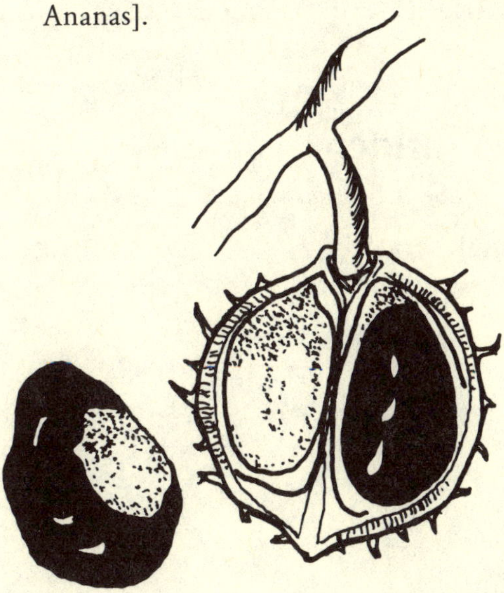

Wechseljahre

[Klimakterium]

Die aufsteigende Hitze ist bedingt durch die Hormonumstellung im Klimakterium.

Behandlung:

innerlich: Essen Sie täglich 1 Zehe Knoblauch und trinken den Sud aus 10 überbrühten Wacholderbeeren [2 Tassen]. In südlichen Ländern essen die Frauen in den Wechseljahren gern frischen oder getrockneten Salbei. Sollten Sie Fisch mögen, so essen Sie täglich 1 Stück Tintenfisch.

äußerlich: Machen Sie täglich 2 Fußbäder mit heißem Wasser. Tragen Sie ein Schmuckstück aus Platin. Platin wirkt gegen die Wechseljahre.

Wunden

[siehe Schnittwunden S. 83]

Wundgelaufene Füße

Blasen entstehen immer durch falsches Schuhwerk, besonders bei langen Wanderungen.

Behandlung: Ziehen Sie nach der Wanderung sofort die Schuhe und Strümpfe aus und spülen die Füße kalt ab. Reiben Sie danach die kranke Stelle mit Rizinus- oder Olivenöl ein. Als Alternative können Sie auch Moos mit Essigwasser [5-6 Eßlöffel auf 1 l] benetzen und ebenfalls auf die Wunde geben. Auch das Auflegen von mit Knoblauchöl getränkten Tomatenscheiben hat sich bestens bewährt.

Würmer

[siehe Bandwurm S. 19]

Zahngeschwüre

[Aphten]

Darunter versteht man runde, weiße Flecken an der Zunge, Lippen- und Mundschleimhaut. Die Ursache ist noch unbekannt.

Behandlung:

innerlich: Verdünnten Zitronensaft trinken und jede Menge Blaubeeren essen. Es spielt keine Rolle, ob frisch, tiefgefroren oder konserviert.

äußerlich: Täglich etwa 10 Minuten lang ein heißes Fußbad mit Löwensenf [1 Eßlöffel] machen.

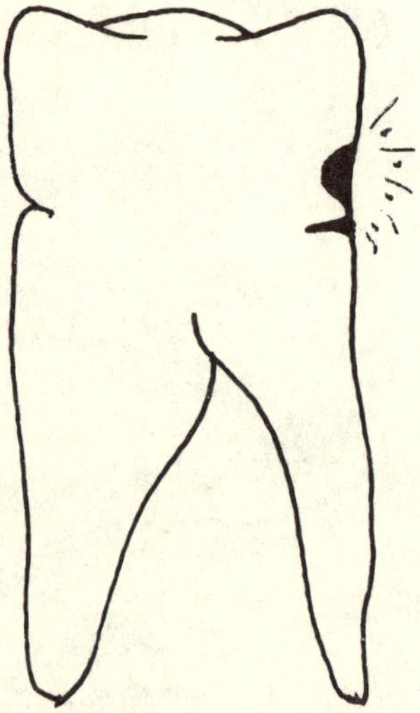

Zahnschmerzen

In fast allen Fällen handelt es sich hierbei um Schmerzen, die von einem entzündeten Zahnnerv herrühren, bedingt durch Zahnfäule. Zahnschmerzen können aber auch durch Erkältungen, sowie durch zu kalte Getränke entstehen.

Behandlung:

innerlich: Tupfen Sie etwas Nelkenöl in die Schmerzgegend, wenn nicht vorhanden, können Sie auch 1-2 Gewürznelken an die kranke Stelle geben.
Ein gutes Mittel ist ebenfalls Knoblauch in Essigwasser gekocht. Halten Sie solange Sie können einen großen, warmen Schluck im Mund.

äußerlich: Machen Sie ein heißes Fußbad mit Salz oder 2 Eßl. scharfem Senf für ca. 15 Minuten.
Erwärmen Sie 2 kleine Kieselsteine oder 2 Stahlkugeln und befestigen diese zwischen Daumen und Zeigefinger auf der Handoberseite.
Auf jeden Fall sollten Sie schnellstens einen Zahnarzt aufsuchen.
[siehe Bildtafel S. 106]

Zwölffingerdarmgeschwür

[siehe Magengeschwür S. 64]

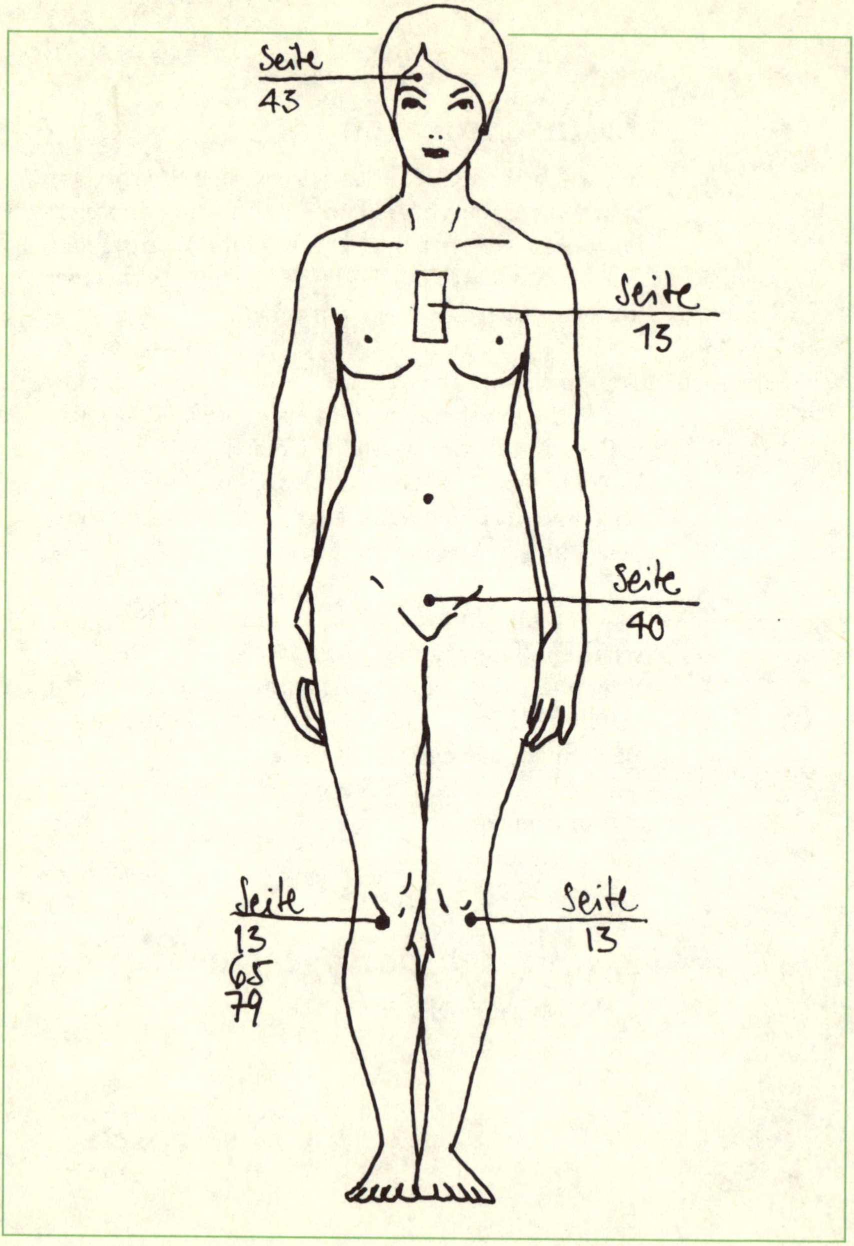
Seite
43
Seite
13
Seite
40
Seite
13
65
79
Seite
13

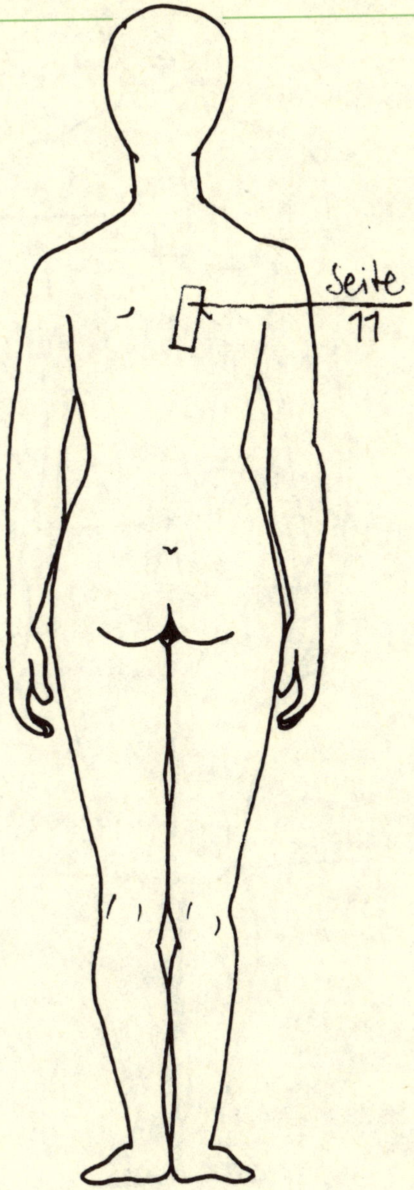
Seite
11

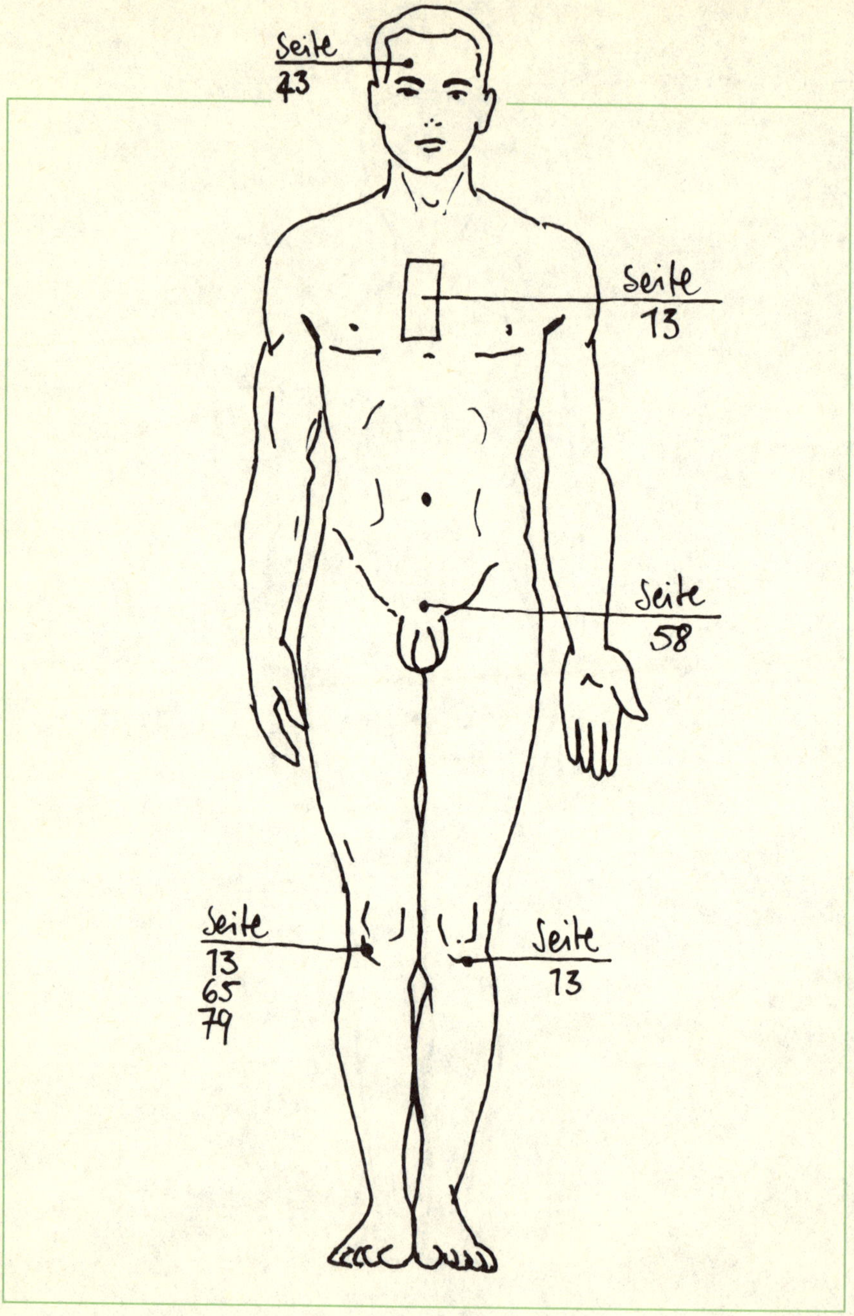

Seite 43
Seite 13
Seite 58
Seite 13 65 79
Seite 13

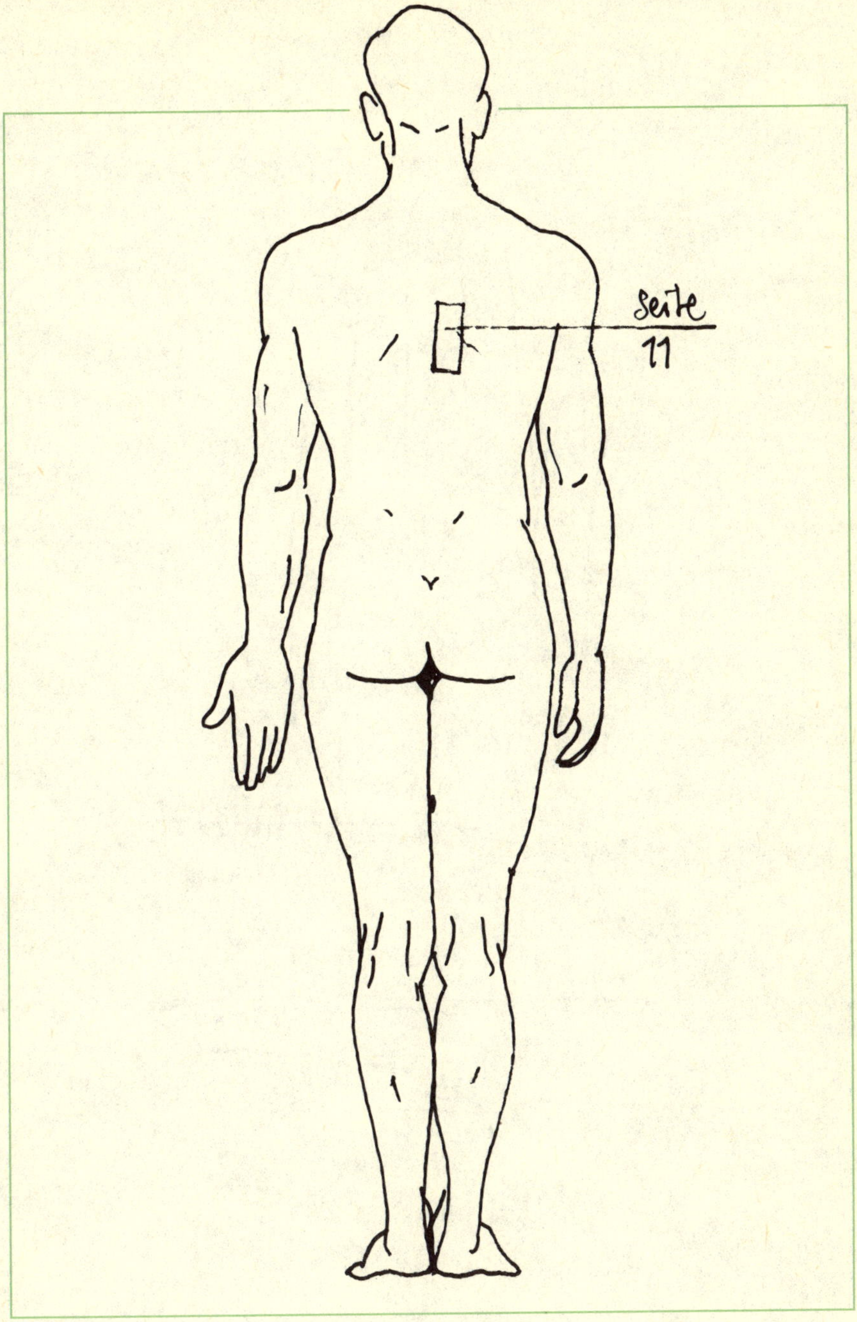
Seite
11

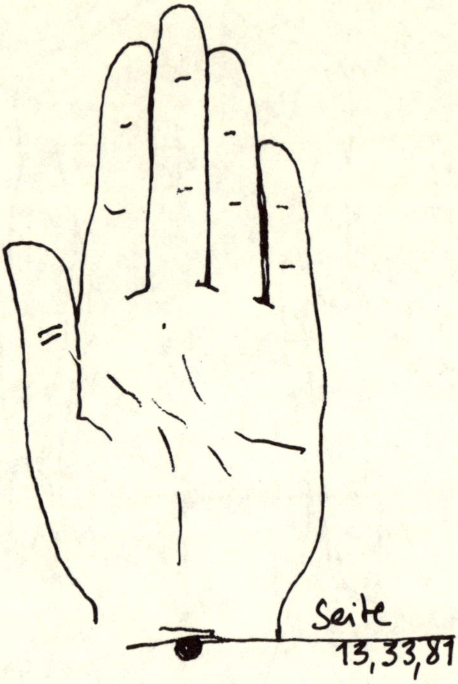
Seite
13, 33, 81

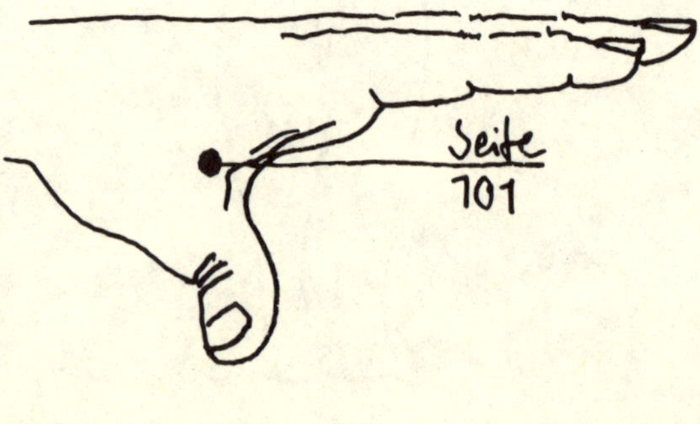
Seite
101

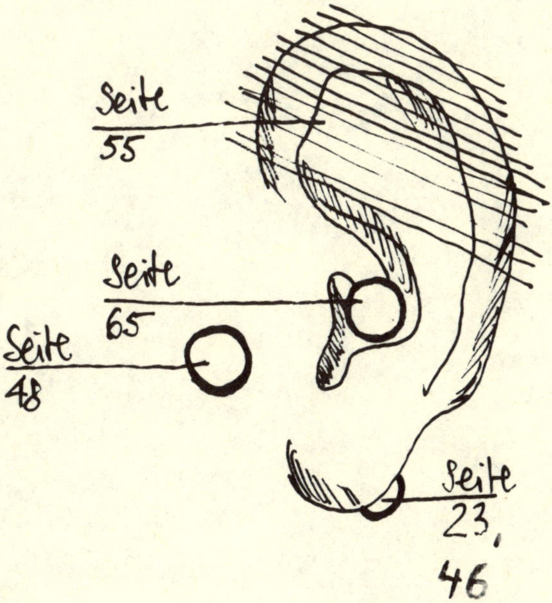
Seite 55
Seite 65
Seite 48
Seite 23, 46

Inhaltsverzeichnis

NOTIZEN

NOTIZEN

NOTIZEN